AF139491

David Tschabitscher, geboren 1988 in Silz, Österreich, studierte Linguistik und Philosophie in Innsbruck, sowie Management in Bangkok. Derzeit lebt, studiert und schreibt er in Thailand. Jede freie Minute verbringt er reisend, um neue Inspirationen für philosophische und literarische Texte zu bekommen.

Der Absurditätensammler

EIN PHILOSOPH GEHT AUF REISEN

DAVID TSCHABITSCHER

FSC
www.fsc.org
MIX
Papier aus ver-
antwortungsvollen
Quellen
Paper from
responsible sources
FSC® C105338

Foto am Einband: © Rainer Exner

Bibliografische Information der Deutschen Nationalbibliothek:
Die Deutsche Nationalbibliothek verzeichnet diese Publikation in
der Deutschen Nationalbibliografie; detaillierte bibliografische
Daten sind im Internet über www.dnb.de abrufbar.

© 2014 David Tschabitscher
Herstellung und Verlag:
BoD – Books on Demand, Norderstedt

ISBN: 978-3-735-75049-5

Für Martin und Sarah,
die mich alleine in die weite Welt trieben,
Patric und Philipp,
die überall mit mir hingingen
und meine Eltern,
die mich immer wieder heimkommen ließen.

Besonderer Dank gilt meinen beiden Lektoren:

Sepideh Heydarpur
und
Daniel Huter

Vorwort

Von 2011 bis 2013 habe ich über jeden Tag, den ich im Ausland verbracht habe, kurze Notizen auf meinem Blog – www.tschabitscher.me – verfasst. In dieser Zeit haben sich Erlebnisse angehäuft, die wieder und wieder von mir erzählt wurden; an Freunde, an Bekannte, an Verwandte, an Fremde, die mitten im Nirgendwo ein Zimmer in einer Herberge mit mir teilten.

Dieses Buch bietet eine Auswahl der Erlebnisse, die ich besonders oft erzählt habe; Erlebnisse, die mir besonders am Herzen liegen – nicht, weil sie schön oder lustig sind, sondern weil sie absurd sind. Absurd in dem Sinne, dass sich die Welt in ihrer ganzen realen Pracht meiner Ideenwelt entgegengesetzt und mich zutiefst überrascht hat. So wie man von einer Glasscheibe überrascht wird, wenn man mit Schwung gegen sie läuft. Um diesen Schwung zu erhalten, habe ich mich so weit wie möglich an die originalen Aufzeichnungen von meinem Blog gehalten.

Jedes berichtete Erlebnis ist in sich geschlossen und kann als eine Kurzgeschichte gelesen werden. Wie es Kurzgeschichten so an sich haben, beginnen und enden sie irgendwo und lassen Fragen unbeantwortet.

Die Geschichten stehen in einem losen Zusammenhang. Sechs Reisen liegen zu Grunde: Türkei

2011, Griechenland 2011, Balkan-Tansania 2012, Bali 2012, USA-Mexiko-Kuba 2013, Israel-Jordanien 2013. Die Reihenfolge der Erlebnisse ist chronologisch, aber nicht lückenlos, da es sich um eine Auswahl handelt. Manchmal fanden zwei der ausgewählten Erlebnisse am selben Tag statt, manchmal liegen Monate dazwischen. Manchmal finden sie am selben Ort statt, manchmal an einem anderen Kontinent. Um sie jeweils geographisch und zeitlich zu einordnen zu können, habe ich jeder Geschichte eine Zeit- und Ortsangabe vorangestellt.

Je nach Erfahrungsstand des Lesers mögen manche dieser Momentaufnahmen normal, ja sogar banal erscheinen. Das viele Erzählen hat einige der Geschichten für mich selbst banal werden lassen. Doch im Augenblick des Erlebens waren sie alles andere als das. Sie waren absurd. Sie waren überraschend. Sie haben mich die Welt mit anderen Augen sehen lassen. Und sie haben mich zu der Überzeugung gebracht, dass die Welt in ihrem tiefsten Inneren absurd ist, dass sie nicht von platonischen Ideen beherrscht wird, die wir erkennen können, sondern dass sie unserem Denken und Erkennen diametral entgegengesetzt ist und uns immer wieder erstaunen wird. Darum hoffe ich, dass auch dem »er-fahren-en« Leser einige der Geschichten die Augen für die absurden Details unserer Welt ein wenig mehr öffnen werden.

Inhalt

Intro

Ich sitze auf einer kalten metallenen Bank vor meinem Flugsteig und gehe leicht nervös meine Reiseroute durch. In ein paar Stunden werde ich in Izmir landen. Dort muss ich die richtige Schnellbahn nehmen, einmal umsteigen und dann ein paar hundert Meter zu Fuß zu meinem Hotel gehen. An und für sich ist das nichts Besonderes; fliegen, mit der Schnellbahn fahren, in ein Hotel einchecken, das habe ich schon hunderte Male gemacht. Das Besondere dieses Mal: ich reise alleine. Zum ersten Mal steht eine Reise alleine in die große, weite Welt an, ohne Begleiter. Geplant war das ursprünglich ganz anders.

Seit über einem Jahr habe ich mit Martin, einem guten Freund von mir, geplant, auf dem Landweg nach Jerusalem zu reisen. Beide haben wir unser Geld gespart und ich habe schon die Reiseroute zusammengestellt. Doch es kam anders. Anfang Jänner rief Martin an. Er habe eine gute und eine schlechte Nachricht für mich, sagte er am Telefon. Die gute Nachricht ist, dass er sich verlobt hat und ich sein Trauzeuge sein solle. Die schlechte Nachricht ist, dass er nicht mit mir nach Israel reisen kann, wie wir es geplant haben, da er das Budget und die freie Zeit für den Start in die Ehe verwenden möchte.

Da stand ich nun. Das Budget war vorhanden; die freie Zeit auch. Doch der Reisegefährte war verloren. Ich beschloss, alleine nach Israel zu fahren. Einen Monat später brach der Arabische Frühling in all seiner Stärke aus. An eine Reise auf dem Landweg durch Syrien war nicht mehr zu denken. Ich musste umdisponieren. Die Sprache gab mir den Weg vor. Seit einiger Zeit schon quäle ich mich durch die türkische Sprache. Daher lag es nahe, das Tor zum Orient, die Türkei, zu bereisen. Hier kann ich mich mit meinen Sprachkenntnissen durchschlagen, gleichzeitig Reiseerfahrung sammeln und mich für den Nahen Osten »warm reisen«, denn Israel schwebt mir immer noch als großes Ziel vor Augen.

Ich gehe nochmals gedanklich und auf der Karte meine heutige Route durch, als mein Flug aufgerufen wird. Ich stehe auf, schultere meine braune Umhängetasche, nehme meinen Reisepass und mein Ticket in die Hand und gehe zum Schalter. Die Reise kann beginnen.

Basmane

Die Sonne brennt von Himmel. Jeder Türke, der uns sieht, schüttelt nur den Kopf. Nur Ausländer machen so etwas Verrücktes. Niemals würde ein Türke auf die Idee kommen, Steinhaufen zu besichtigen, und das auch noch zur Mittagszeit. Da ist es doch viel besser, im Schatten einfach vor sich hinzudösen und Çay – den türkischen zuckersüßen Schwarztee – zu schlürfen, während man Tavla – so nennen die Türken Backgammon – spielt oder Wasserpfeife raucht. Doch nicht so Takuji und ich. Wir haben uns die Agorá, den Hauptplatz der alten Stadt Smyrna, vorgenommen.

Takuji hat einen Doktor in Alter Geschichte. Es ist erstaunlich, was Takuji aus all diesen Steinhaufen herauslesen kann. Viele Dinge haben sich seit der Antike komplett verändert. Andere Dinge sind jedoch gleich geblieben und werden wahrscheinlich immer gleich bleiben, solange es die Menschheit gibt. Heute zieren die Namen »großzügiger« Firmen und anderer Sponsoren Gebäude, Sportstadien und sogar Straßenschilder. Auch in der Antike hat es solch »großzügige« Spender gegeben, denen man zum Dank Statuen errichtete, erklärt mir Takuji, während er auf die lateinische Inschrift am Sockel einer solchen Statue zeigt.

Nachdem wir das alte Smyrna erkundet haben, finde ich auf meiner Karte einen weiteren antiken Vermerk: Kadifekale – die »Samtfestung«. Dieses alte Mauerwerk, das auf Alexander den Großen zurückgehen soll, wollen wir uns näher anschauen. Laut Karte ist es nicht so weit entfernt, daher machen wir uns zu Fuß auf den Weg dorthin.

Während wir im Gespräch vertieft sind, verändert sich die Gegend um uns herum. Die Gassen werden enger, die Häuser schäbiger und die Menschen zwielichtiger. Ein Auto versperrt die Straße. Wir weichen in eine kleine Nebengasse aus. Steil führt die Gasse den Hügel hinauf. Alles ist in Sandfarben gekleidet, so wie man es von Filmen über die »böse arabische Welt« kennt.

Während wir uns diese Gasse hinauf kämpfen, kommt uns ein Junge schreiend entgegen gelaufen. Er dürfte um die zehn Jahre alt sein und trägt eine fleckige Hose sowie ein ausgewaschenes, gestreiftes T-Shirt. Doch mehr als der flüchtende, schreiende Junge beunruhigt uns der Grund seiner Flucht. Hinter ihm läuft ein Rudel Kinder den Berg hinab. Bekleidet mit Schlägerhandschuhen und bewaffnet mit Stöcken treiben sie den armen Jungen den Berg hinab.

Da wird uns plötzlich klar, dass wir uns das falsche Viertel ausgesucht haben. Blitzschnell entschließen wir uns die Festung Festung sein zu lassen und einfach nur heil aus der Gegend herauszukommen.

Wir drehen uns um und versuchen so schnell wie möglich aus dieser Gasse wieder hinaus auf die Straße zu kommen. Zu unserem Glück jagen die Kinder den gehetzten Jungen in eine andere Richtung weiter und ignorieren uns.

Erst jetzt fällt uns auf, wie anders dieses Viertel ist. Die Frauen huschen verschleiert über die Straße, die Männer sitzen vor den Häusern und starren uns mit offenen Augen an. Wir scheinen ein sehr exotischer Anblick zu sein.

Ein Rudel Kinder umringt uns. Doch sie bitten uns nicht um Geld oder Süßigkeiten, wie ich es sonst gewohnt bin. Sie schauen uns angriffslustig an und machen aus ihren Fingern eine Pistole mir der sie auf uns schießen. Ein Achtjähriger sieht mir direkt in die Augen und fährt sich mit der flachen Hand langsam die Kehle entlang, während er »Krrk« macht – die Gestik für Ich-schneide-dir-die-Kehle-durch. Ich hätte nie gedacht, dass mir Kinder Angst einjagen könnten. Ich sehe Takuji an und sein Blick zeigt mir, dass er dasselbe empfindet.

Wir bahnen uns schnell den Weg aus diesem Viertel hinaus und sind unbeschreiblich froh, als wir wieder heil im modernen Izmir ankommen.

Später lese ich im Reiseführer nach, was über dieses Viertel berichtet wird. Er warnt davor, dorthin zu gehen. In den 60er Jahren setzte eine immense Landflucht ein. Viele arme Bürger aus den ländlichen Tei-

15

len der Türkei dachten sie würden ihr Glück in den großen Städten finden. Da sie ohne Mittel dort ankamen, machten sie sich in den Ruinen eine provisorische Bleibe zurecht – die sogenannten »Gecekondu« (dt. »über Nacht gebaut«). Das Glück hat sich nicht zugunsten der Landflüchtigen geändert. Die Armut blieb. So wurden die Gecekondu verstärkt, umgebaut, ausgebaut. Im Laufe der Zeit kamen die restlichen Familienmitglieder nach und die Gegend entwickelte sich zu einem Slum. Unvorstellbar, dass zwei solch verschiedene Welten nur ein paar Kilometer voneinander entfernt existieren.

Der Freiheitskämpfer

Das ist mir noch nie passiert. Ich marschiere auf der staubigen Straße, schultere mein Gepäck und schüttle meinen Kopf. Da hat mir doch tatsächlich ein Dolmuş-Fahrer gesagt es sei kein Platz mehr im Dolmuş. Ein Dolmuş ist ein türkisches Sammeltaxi; ein Minibus, der immer eine bestimmte Strecke abfährt. Dabei gibt es keine Haltestellen, sondern die Leute winken am Straßenrand und steigen ein. Möchte man aussteigen, klopft man dem Fahrer auf die Schulter und er legt einen Stopp ein. In einem Dolmuş haben immer Leute Platz. Sind die Sitzplätze voll, werden Stehplätze am Gang gefunden. Sind die Stehplätze voll, schlichtet man die Passagiere übereinander, findet somit neue Sitzplätze und kann wieder neue Menschen in den Gang pferchen. In einem Dolmuş ist immer Platz, immer. Nicht so in diesem.

Ich habe gerade Pamukkale verlassen und bin auf dem Rückweg nach Izmir. Um nach Izmir zu kommen, muss ich einen Reisebus in der nächsten größeren Stadt – Denizli – nehmen. Und um nach Denizli zu kommen, benötige ich ein Dolmuş. Also stapfe ich die Straße weiter entlang und halte nach einem weiteren Dolmuş Ausschau. Der nächste Minibus kommt und nimmt mich mit.

Der Busbahnhof ist eine gewaltige Anlage. Das Zentrum ist ein Garten, der von schattigen Cafés und kleinen Geschäften, die Reiseproviant verkaufen, umringt wird. Auf einer Seite des Gartens geht ein überdachter Laufsteg zu den Busbuchten hin. Eine große Halle beherrscht die andere Seite, in der sich die Schalter befinden. Dort werden die Bustickets verkauft. Ich steuere direkt darauf zu.

Ich öffne die Glastüren und ein klimatisierter Luftschwall weht mir entgegen. Verschwitzt und müde vom Dolmuş fahren, lenke ich meinen Weg direkt zu dem Fahrkartenverkäufer im perfekt sitzenden Anzug, der hinter dem Tresen steht und mich lächelnd empfängt. Ich frage ihn, wann der nächste Bus nach Izmir abfährt. Sein Lächeln weicht ein bisschen von seinem Gesicht, als er mir mitteilt, dass der letzte Bus gerade vor drei Minuten abgefahren ist. Der nächste Bus fährt in knappen drei Stunden. Mein Lächeln verschwindet ebenfalls und während ich meine Fahrkarte kaufe, werfe ich in Gedanken alle mir bekannten Flüche den Dolmuş-Fahrer an den Kopf, der mir gesagt hat, dass kein Platz mehr in seinem Dolmuş sei. Mit meiner Fahrkarte in der Tasche wandere ich in den Garten hinaus, um mir ein nettes Plätzchen zu suchen, wo ich es mir die nächsten drei Stunden gemütlich machen werde.

Eine Bank am überdachten Laufsteg dient als meine Ruhestätte. Kaum habe ich mich niedergesetzt, kommt ein hagerer Mann mit Vollbart, braunem Turban und knorrigem Gehstock herbeigehumpelt. Ich schätze ihn zwischen 60 und 70. Er grüßt mich freundlich und setzt sich zu mir auf die Bank. Er beginnt mit mir auf Türkisch zu reden. Wie üblich erzähle ich, woher ich komme, dass ich Philosophie und Linguistik studiere und dass ich in Izmir einen Sprachkurs besuche. Nach ein paar Minuten ist mein Vokabular erschöpft und ich überlege mir, mich wieder meinem Buch zu widmen. Doch der alte Mann gibt nicht auf. Anders als die meisten Türken, mit denen ich gesprochen habe, ist er sehr geduldig. Wenn ich ein Wort nicht verstehe, wiederholt er es so lange bis ich es in meinem Wörterbuch finde. Finde ich es nicht, umschreibt er es, bis ich es verstehe.

Er erzählt mir seine Geschichte. Ursprünglich kommt er aus Ost-Anatolien, ganz in der Nähe des Berges Ararat, über den er begeistert spricht. Er ist ein Kurde und hat Türkisch selbst als Zweitsprache gelernt oder besser gesagt: lernen müssen. Er ist der jüngste Sohn aus seiner Familie und hat keine Frau gefunden. Deswegen ist er nach Afghanistan gegangen, um seinen Glaubensbrüdern im Freiheitskampf gegen die bösen Amerikaner zu helfen. Dort ist er angeschossen worden. Seitdem humpelt er.

Er fragt mich wie viele Brüder ich habe, da Töchter nicht so wichtig seien. Ich erkläre ihm, dass ich ein Einzelkind bin. Er tröstet mich, dass ich der erste

Sohn bin und sicher noch weitere Brüder kommen werden.

Auch wenn seine Sichtweise stark von einer Denkweise der ländlichen Gebiete geprägt ist und er nie eine schulische Bildung genossen hat, erstaunt er mich. Es ist unglaublich, welche kommunikative Kompetenz dieser Mann aus Ost-Anatolien an den Tag legt. Wenn der Wille und die Zeit da sind, kann man scheinbar mit jedem kommunizieren, solange man das nötige Feingefühl und die notwendige Kreativität dazu mitbringt. Dieser einfache Mann hat beides, noch dazu auf einem so hohen Level, wie es kaum ein Student oder Akademiker aus Izmir je in einem Gespräch mir gegenüber gezeigt hat.

Während wir reden, vergeht die Zeit wie im Flug. Ohne es zu merken, sind die drei Stunden vergangen. Er begleitet mich zu meinem Bus und will warten bis der Bus abfährt. Zum Abschied möchte er mir ein Geschenk geben. Das Einzige was er bei sich hat, ist ein Pack Taschentücher. Darum schenkt er mir dieses.

Ich steige in den Bus ein, der Bus fährt los und der humpelnde Freiheitskämpfer steht am Bussteig und winkt mir nach.

Während der Bus in Richtung Izmir fährt, danke ich in Gedanken dem ersten Dolmuş-Fahrer, dass er mich nicht mitgenommen hat und entschuldige mich bei ihm für die Flüche, die ich in meinem Kopf gegen ihn ausgestoßen habe, denn ohne ihn hätte ich niemals diesen interessanten Menschen kennengelernt.

Verloren
IZMIR 26/7/11

Müde und verschlafen stehe ich an der Bushalte-stelle. Die letzte Nacht hängt mir noch im Nacken. Für heute Vormittag habe ich nur eine Aufgabe auf meiner To-Do-Liste stehen: Zwei Fahrkarten nach Kappadozien kaufen. Dazu muss ich zum Bustermi-nal.

Bereits zu Hause habe ich mir die Busroute durch Izmir mit den zwei Millionen Einwohnern herausge-sucht. Ich muss einfach vor meinem Haus auf den Bus 163 warten und bis zur letzten Haltestelle fahren. Einfach.

Während ich um die Ecke biege, sehe ich schon den verrosteten Bus kommen. In abgeblätterten Far-ben stehen noch die Sechs und die Drei auf den Bus gemalt. Schnell steige ich ein und bezahle mit dem letzten Guthaben, das ich auf der aufladbaren Bus-karte habe, mein Ticket.

Der Bus tourt durch die Stadt. Ich beobachte die Häuser, die vorbeiziehen, die Menschen, die auf den Gehsteigen herumwuseln, die alten Autos, die par-ken, fahren und hupen. Dabei fällt mir wieder auf, welch eigenes Flair die Türkei hat, besonders die gro-ßen Städte. Es ist ein wunderbarer Mix zwischen Ori-ent und Okzident, zwischen alt und neu, modern und traditionell. Man sieht einen Ochsenkarren, der Gemüse durch die Straßen zieht und einen arabisch gekleideten Mann, der den Karren führt. Nur ein paar Straßenzüge weiter fühlt man sich wie in London oder Paris. Hier prägen Männer in Anzügen und gestylte Frauen in Geschäftskleidung, die erhobenen Hauptes durch moderne Straßenzüge auf dem Weg zu ihren Büros sind, das Straßenbild.

Plötzlich weckt mich der Busfahrer aus meinen Tagträumereien auf. Er sagt irgendetwas auf Türkisch zu mir, das ich nicht verstehe. Ich sehe mich um und bemerke, dass ich der letzte Fahrgast bin. Er will, dass ich aussteige. Wir sind an der Endstation angekommen. Nur sieht diese Endstation ganz und gar nicht nach dem Busbahnhof aus, zu dem ich hin wollte. Vielmehr bin ich in den Außenbezirken von Izmir angekommen. Der Parkplatz ist nichts weiter als ein größerer Sandstreifen neben der Autobahn, die aus der Stadt hinaus führt.

Ich steige aus dem Bus aus. Verwundert sehe ich mich um und bemerke, dass der Bus die Nummer 63 hat. Die Ziffer 1 war nicht abgeblättert, wie ich vermutet hatte. Sie war nie dort. Ich bin in den falschen Bus eingestiegen. Was soll ich jetzt tun? Die einfachste Möglichkeit wäre es, mit dem Bus 63 wieder zurückzufahren und dann den richtigen Bus zu nehmen. Doch meine Karte ist leer und ich müsste sie zuerst aufladen. Ich prüfe meine Geldtasche und muss feststellen, dass sie ebenfalls leer ist. Mit meinem letzten Geld habe ich gestern den Taxifahrer bezahlt, der mich von der Stadt nach Hause gebracht hat.

Hier stehe ich nun, am Ende der Stadt, ohne Ticket, ohne Plan, ohne Geld. Schneller als gedacht, wird man aus der Welt der lebendigen Menschen ausgestoßen. Es ist erstaunlich und erschreckend zugleich, wie diese kleinen, runden Metallscheiben und die dünnen, bunten Papierzettel Einfluss auf unser Leben nehmen können. Ist man dieser Zahlungsmittel beraubt, nehmen einem kein Bus, kein Taxi und keine Bahn mit. Man muss marschieren. Hat man diese Tauschmittel nicht mehr bei sich, bekommt man keine Flasche Wasser, kein Essen und keinen Sitz in einem Kaffeehaus. Man muss auf der Straße bleiben.

Während ich darüber sinniere, kommt eine Windböe und will mir den Hut vom Kopf reißen. Mit einer reflexartigen Handbewegung halte ich den Hut fest. Blöderweise habe ich in der Hand meine notorische Begleiterin für heiße Länder, meine Trinkflasche, die geöffnet ist. Eine fatale Kombination, die mich dazu verdonnert, eine Dusche auf offener Straße zu nehmen.

Hier stehe ich nun – mitten im Nirgendwo; ohne Geld, ohne Ticket, ohne Ahnung, wo ich bin, dafür nass wie ein begossener Pudel. Es gibt Tage, da sollte man besser im Bett bleiben. Heute ist so ein Tag. Und soeben hat der Tag seinen Tiefpunkt erreicht.

Also beiße ich in den sauren Apfel und mache mich unter der brütenden Sonne und unter verwunderten Blicken auf den Fußmarsch in Richtung Stadtzentrum.

Die Sonne leckt das Trinkwasser von meinem Hemd auf. Und der Fußmarsch hat nach zehn Minuten ein Ende, nachdem ich das heilversprechende Logo eines Geldautomaten an einem Gebäude leuchten sehe. Schnellen Schrittes eile ich hin, sprinte die fünf Stufen hinauf und führe meine Karte in den Automaten ein. Ein vertrautes Surren fördert die so sehr notwendigen Scheine durch einen kleinen Schlitz in meine Hand. Und mit einem Mal bin ich wieder in der Welt der Lebenden angekommen. Ich winke dem nächsten Taxi, steige ein und lasse mich zum Busbahnhof bringen.

Fische essen
GÖREME 30/7/11

Mittagspause. Unser Reiseleiter führt unsere Gruppe durch die Schlucht zu einem kleinen, traditionellen Restaurant. Die Gruppe ist klein. Eine amerikanische Familie mit zwei Kindern, Adyssa aus Indonesien, Takujis Schwester aus Japan und ich. Wir setzten uns auf die Bank, die vor dem kleinen Restaurant in der Nähe des Flusses aufgestellt wurde. Bäume dämpfen die orientalische Sonne, sodass wir im angenehmen Schatten sitzen können. Es wird uns eisgekühltes Cola und Wasser serviert. Die kalten Getränke löschen unseren Durst. Wir strecken unsere Beine aus, die von der langen Wanderung erschöpft sind und warten auf unser Essen.

Nach ein paar Augenblicken des Verschnaufens, bringt uns der Wirt des Restaurants das Essen. Es gibt gegrillten Fisch. Für mich als Alpenbewohner stellt diese kulinarische Köstlichkeit eine Herausforderung dar. Nicht das Gericht, der Geschmack oder die Gewürze sind das Problem, sondern die Art und Weise, wie der Fisch verzehrt werden will. Bis jetzt habe ich immer nur filetierten Fisch gegessen. Doch dieser Fisch hier ist komplett, mit Kopf, Kiemen und Flossen.

Ich frage in die Runde, ob mir jemand zeigen kann, wie man so einen Fisch filetiert. Die Amerikanerin, ganz in ihrer Mutterrolle, zeigt es mir. Man muss den Fisch knapp am Rückgrat einschneiden, dann rollt man die Haut ab und löst das Filet von oben nach unten aus. Allerdings wundere ich mich, warum ich die Haut abziehen sollte. Die knusprige, gewürzte Haut eines Grillfisches ist doch das Beste, das es gibt. Doch für den US-amerikanischen Gaumen ist dieses kulinarische Erlebnis zu viel des Guten. Also löse ich das Filet amerikanisch aus und genieße europäisch die Haut mit.

Da sieht mich Adyssa ganz verwirrt an. Für sie sei es sehr komisch, wie wir den Fisch essen, erklärt sie. In Indonesien esse man den Grillfisch mit den Händen, fährt sie fort und demonstriert es auch. Sie packt den Fisch mit beiden Händen und nagt ihn einfach ab, so wie wir Rippchen oder ein Grillhendl abnagen würden. Ich und die Amerikaner sehen sie ganz entgeistert an. Dann verkündet Adyssa, dass die Augen der beste Teil vom Fisch seien. Ehe wir uns versehen, hat sie schon den Löffel in der Hand, hebelt das Auge vom Fisch heraus und lässt es in ihrem Mund verschwinden. Die Münder von mir und den Amerikanern stehen weit offen. Drei Kulturen an einem Tisch versammelt. Drei verschiedene Arten einen Fisch zu essen. Jeder ist sich sicher, dass die seinige die richtige ist und die anderen komisch sind. Doch wer hat recht? Keiner? Alle?

Ramadan

Adyssa und ich kommen am Busbahnhof von
Konya an. Konya wäre einen Tag wert, sagt der Reiseführer, aber nicht mehr. Es gibt nur eine einzige Sehenswürdigkeit in Konya: das Mausoleum von Mev-
lana, einem Mystiker und Philosophen aus dem Mit-
telalter. Hierher, an sein Grab, pilgern jedes Jahr Millionen gläubiger Muslime. Wir beide möchten uns
diese Grabstätte ebenfalls ansehen.

Adyssa kommt aus Indonesien und ist Muslimin.
Auf der Hinfahrt nach Konya haben wir über den
Monat Ramadan gesprochen. Kein Rauchen, kein
Trinken, kein Essen – solange man einen weißen Faden von einem schwarzen Faden unterscheiden kann,
sagt der Prophet über den Monat Ramadan. Der Monat sollte ein Monat der Spiritualität sein. Adyssa sieht
diese Glaubensregel nicht so strikt, trotzdem möchte
sie diesmal versuchen den Ramadan zu halten, auch
wenn sie das vorher noch nie gemacht hat. Da heute
der erste Tag des Monats Ramadan ist, sollte ihr Experiment heute starten.

Wir machen uns mit der Straßenbahn auf den Weg
in die Innenstadt. Während man sonst in der Türkei
immer von freundlichen Gesichtern empfangen wird,
scheint es hier etwas anders zu sein. Die Menschen

blicken grimmig, die Menschen sind strenger, die Menschen sind konservativer. Kaum eine Frau ist auf der Straße ohne Kopftuch anzutreffen. Das ist sehr ungewöhnlich für eine türkische Stadt. Ein Blick in den Reiseführer gibt weiteren Aufschluss. Durch das Mausoleum hat sich in Konya eine starke religiöse Tradition ausgeprägt. Das wirkt sich auf alle Aspekte des Lebens aus, auch auf das Halten des Ramadans.

Kaum steigen wir aus der Schnellbahn aus, bemerken wir den Unterschied. Manche Orte halten den Monat Ramadan strenger ein, andere nehmen es dabei nicht so genau. Konya gehört zu der ersten Gruppe. Hier sind alle Restaurants geschlossen. Die Geschäfte haben die Lebensmittel verstaut. Sogar die Wasserverkäufer sind von den Straßen verschwunden. Konya unterstützt Adyssa bei ihrem Versuch, den Ramadan zu halten. Aber Konya zwingt auch mich dazu, unfreiwillig dasselbe zu tun.

Mit Müh und Not finde ich ein Geschäft, das Souvenirs für Touristen verkauft; Anhänger, Postkarten und anderen wertlosen Plunder. Aber inmitten dieser wertlosen Sachen finde ich etwas, das mein Leben rettet: eine Halbliterflasche Wasser. Da ich kein Muslim bin, verkauft sie mir der Händler. Heimlich schleppe ich diese Flasche den ganzen Tag mit mir herum und nehme immer wieder einen kleinen, unauffälligen Schluck daraus.

Doch das Verzichten auf Essen und Trinken leert die Batterien und höhlt meine Gedanken aus. Andauernd muss ich an den Abend denken, wo es wieder Essen gibt. Die muslimischen Gelehrten haben berechnet, dass um Punkt 20:09 in Konya kein weißer von einem schwarzen Faden unterschieden werden kann. Und um zwei Uhr nachmittags scheint 20:09 noch sehr, sehr weit entfernt zu sein, vor allem wenn man hungrig ist.

Nachdem wir uns das Mausoleum angesehen haben, machen wir es, wie die meisten Bewohner von Konya. Wir suchen uns ein Stückchen Rasen unter einem schattigen Baum und halten einen Nachmittagsschlaf, denn Schlaf lässt den Hunger vergessen.

Als der Abend näher rückt, machen wir uns wieder auf den Rückweg zum Busbahnhof. Unser Bus fährt um 21:00 ab, somit haben wir noch Zeit, um vor der Abfahrt etwas zu essen.

Wir kommen um 19:30 am Busbahnhof an. Die Küchen wurden wieder angeworfen. Man riecht bereits den Duft von gegrillten und gekochten Speisen. Die Angestellten stellen die Tische und Stühle vor die Restaurants und decken sie für das Mahl.

Bei einem kleinen Essensstand finden wir Platz und bestellen das Essen. Adyssa kauft sich zuerst eine große Flasche Wasser, Ayran – ein salziges Jogurt-Getränk – und etwas zuckersüßes Lokum. Sie umschlingt die Flasche mit beiden Händen und wartet. Die anderen Gäste machen es ihr gleich. Mit leerem Blick und einem krampfhaften Festhalten an ihren Wasserflaschen, warten sie auf den Ruf des Muezzins, der das Ende des Fastens ankündigt.

20:09. Der erlösende Ausruf ertönt von den Minaretten. Gleichzeitig öffnen alle Fastenden ihre Wasserflaschen und stürzen gierig einen halben oder sogar einen ganzen Liter Wasser hinunter. Danach kommt das Ayran an die Reihe, ein Joghurt, das mit Wasser verdünnt und mit Salz gewürzt wurde. Zum Schluss wird zuckersüßes Lokum in den Mund gesteckt.

In der Zwischenzeit flitzen die Kellner hin und her und liefern das im Vorhinein bestellte Essen an den Tischen der hungrigen Wartenden ab. Auch wir bekommen unser Abendessen serviert. Bedächtig führe ich ein Stück Fleisch in meinen Mund und kaue es genüsslich. Ich habe noch nie erlebt, dass Essen so gut schmecken kann.

Lakis Taverne

Patric und ich machen uns auf dem Weg zu Lakis Taverne, dem einzigen Lokal in unserer sichelförmigen Bucht. Es ist schon dunkel. Mit einer Taschenlampe bewaffnet stapfen wir durch den Sand. Ab und zu stößt unser Fuß auf einen Stein oder Seegras, das angeschwemmt wurde.

Vor uns liegt Laki's Taverne, ein armseliger Bretterbau. Ob er jemals genehmigt wurde ist mehr als fraglich. Es scheint so, als hätte Laki ihn selber zusammengezimmert. Eine kleine Hütte mit einem Blechdach dient als Küche. Für verregnete Tage gibt es ein paar Tische und Bänke unter Dach. Für Tage ohne Regen dient der Gastgarten als Ruheort. Hier hat Laki ein paar einfache Plastiktische und Stühle aufgestellt, die ihre beste Zeit schon hinter sich haben und deren Weiß schon lange in ein Gelb-Braun übergegangen ist. Um den Gastgarten freundlicher zu machen, hat Laki ein paar Lichterketten an die Bäume im Garten und auf sein brüchiges Häuschen gehängt. Von den Bäumen baumeln noch zusätzlich ein paar Glühbirnen, um ein bisschen Licht in die Taverne zu bringen.

Wir betreten den Gastgarten über eine klapprige Bretterbrücke, die über ein kleines Rinnsal führt und bei der Türe im Zaun, der Laki's Taverne eingrenzt, endet.

Die Taverne ist leer. Laki sitzt lustlos auf einem Stuhl neben seinem Häuschen und starrt auf den Boden. Patric und ich suchen uns einen Tisch im Garten aus und lassen uns dort nieder. Da Laki immer nur betrübt auf den Boden starrt, kommt seine Angestellte zu uns und will unsere Bestellung aufnehmen. Es ist Urlaub. Wir haben Zeit und wollen den restlichen Abend hier in der Taverne bei Gespräch und Wein verbringen. So bestelle ich einen Halbliter Retsina, den berühmten griechischen Wein, der in geharzten Fässern gelagert wird und dadurch einen eigenen Geschmack entwickelt. Patric bestellt sich einen Halbliter griechischen Rotwein.

Flink huscht die Dame in das kleine Häuschen und kommt ein paar Augenblicke später mit dem gewünschten Wein und zwei griechischen Weingläsern wieder an unseren Tisch. Allerdings hat sie die Bestellung von Patric falsch aufgenommen und ihm einen Liter, statt einem halben gebracht. Wir beschließen den Wein zu nehmen und dafür an die geplanten Stunden, die wir hier sitzen möchten noch eine halbe oder ganze Stunde daran zu hängen.

Während wir das erste Glas von unserem köstlichen griechischen Wein einschenken und genießen, sitzt Laki immer noch bedrückt auf seinem Stuhl und starrt auf den Boden. Als wir uns ein paar Minuten später das zweite Glas einschenken, springt Laki plötzlich von seinem Stuhl hoch, geht zu seiner Bretterbude, öffnet den Kasten mit den Sicherungen und schaltet die Hauptsicherung ein und aus, ein und aus. Gleichzeitig ruft er uns in gebrochenem Deutsch zu: »Fünf Minuten! Fünf Minuten!«

Wir verstehen die Welt und den Wirt nicht mehr. Vor ein paar Augenblicken hat er uns gerade 1.5l Wein verkauft und jetzt möchte er, dass wir den Wein innerhalb von fünf Minuten hinunterstürzen und nach Hause gehen. Sogar ein schlimmer Alkoholiker wäre von dieser Aufgabe überfordert, aber für uns ist sie ganz und gar unmöglich und total sinnlos. Wir winken die Kellnerin zu uns.

Die Dame erklärt uns in vollem Ernst, dass sie in fünf Minuten das Lokal zusperren werden und wir gehen müssen, da sie noch unsere Gläser abspülen wollen. Wo bitte sind wir hier gelandet? Es wäre nur ein kleines, aber dennoch wichtiges, Detail bei der Bestellung gewesen, dass sie jeden Augenblick zusperren.

Nach längerem hin und her, einigen wir uns mit der Kellnerin darauf, dass wir die Karaffe mit dem Wein mit zu unserem Zelt nehmen können und morgen wieder zurückbringen werden. So machen wir uns wieder auf den Rückweg über die Brücke und den Sand zu unserem Zelt, während wir eine volle

Karaffe mit Wein tragen und uns über das Zeitver-
ständnis der Griechen wundern.

Die Bauerndisko

Unsere kleine Gruppe spaziert die dunkle Straße entlang. Hinter uns liegen die griechischen Restaurants von Ammoudia. Die Musik hallt uns noch nach. Einer der Wirte, in dessen Gastgarten wir vorher saßen, hat kurzerhand sein Restaurant zugesperrt und sich mit uns auf dem Weg in die Diskothek gemacht. Hier in diesem kleinen griechischen Dorf, gibt es genau ein Tanzlokal und dorthin sind wir nun auf den Weg.

Die dunkle Straße führt uns ein kleines Stück aus dem Dorf hinaus zu einem unförmigen Betonklotz hin. Es scheint, dass dieses Ungetüm schon vor dreißig Jahren seine glanzvolle Zeit verlebt hatte. Es zeigt sich uns ein eingeschossiger Betonbunker ohne Fenster, der über und über mit Pflanzen bewachsen ist.

Eine alte schwarze Türe führt uns in den Innenraum, aus dem uns Rauchschwaden entgegenwehen. Im Inneren des düsteren Betonklotzes zeigt sich eine alte Tanzfläche, ein paar zerschundene Tische, die von verschlissenen Sofas umringt werden und eine Bar, an der drei verzweifelte Gestalten zu finden sind. Eine der Gestalten ist der Barkeeper und Lokaleigentümer. Die anderen beiden schwanken auf ihren Barhockern. Der einzige Halt den sie haben, ist das Bier, das vor ihnen am Tresen steht und an dem ihre Hand angewachsen zu sein scheint. Die alten Lautsprecher, die auf das Maximum ihrer Leistungsfähigkeit eingestellt sind, geben plärrend moderne Popsongs von sich.

Während ich an der Bar stehe und an meinem Bier nippe, fragt mich der Barkeeper, welche Musik ich gerne hören möchte. Ich frage ihn, welche Lieder er anbieten kann. Darauf dreht er seinen Computerbildschirm zu mir her und sagt: »Alle!« Ich starre auf den Bildschirm und verstehe die Welt nicht mehr, verstehe aber warum er alles spielen kann. Er verwendet Youtube. Drei, vier Fenster seines Browsers sind geöffnet, auf denen er schon die nächsten Lieder vorgeladen hat, damit der schwankende griechische Internetanschluss den Hörgenuss nicht ins Stocken bringt.

Ich beginne damit, ein paar Lieder auszusuchen. Plötzlich stellt der Barkeeper ein zweites Bier vor mich hin. Ich sehe ihn überrascht an. Doch er deutet nur auf eine der schwankenden Gestalten und sagt: »Er hat gerade eine Lokalrunde gezahlt!« Eine Lokalrunde! Allein die Vorstellung davon lässt das Bild von einem Millionär in den Sinn kommen und nicht von einem einfachen griechischen Mann in einem kleinen Dorf im Nirgendwo. Doch als ich mich im Lokal umsehe und mein Blick auf die fünf tanzenden Gestalten fällt, die zusätzlich zu den zwei Gästen an der Bar und mir dazukommen, muss ich anfangen zu lachen.

Stolz verkünde ich dem Barkeeper, dass die nächste Lokalrunde an mich gehen würde. Doch zuvor muss ich noch ein paar Lieder auswählen.

Zug fahren
BELGRAD 3/2/12

Es ist kalt, bitterkalt. Der Himmel ist bewölkt. Wir blasen warme Luft in unsere behandschuhten Hände, während wir von einem Fuß auf den anderen treten. Leichter Schneefall rundet das trostlose Wartebild ab, das sich Patric und mir ergibt.

Obwohl wir uns in Villach, eine Stadt im Süden Österreichs, die einen großen Bahnhof hat, befinden, fühlen wir uns am Ende der Welt angekommen. Nachdem wir den modernen österreichischen Zug verlassen hatten, haben wir uns auf dem Weg zu unserem Anschlusszug gemacht. Dabei wiesen uns die Schilder den Weg über einen Fußpfad aus dem Bahnhofsgelände hinaus, durch ein paar Unterführungen, die von Schritt zu Schritt immer schäbiger werden, zu einen verlassenen Bahnsteig hin. Hier stehen wir nun; in der Kälte; irgendwo im Nirgendwo und starren auf eine Tafel, die »BEOGRAD« anzeigt.

Nachdem einige Minuten verstrichen sind, Minuten, die sich in der Kälte ewig angefühlt haben, zieht eine alte Diesellokomotive schnaufend unsere Waggons nach Belgrad an den Bahnsteig heran. Das Alter der Zuggarnituren spricht sogleich von vergangenen Zeiten. Vergangene Zeiten, die wir in den nächsten Stunden und Tagen näher kennenlernen werden.

Nachdem der Zug knarrend zum Stehen gekommen ist, öffnet ein bulliger Serbe die Türen. Er ist in einen roten, wollenen Rollkragenpullover gehüllt. Sein fleischiger Kopf wird von einer Wollmütze in verwaschenen Schwarztönen gekrönt. Wir sind uns nicht sicher, welche Funktion er im Zug hat. Aber nachdem er unsere Reservierungen sehen will und uns knurrend zu unseren beiden Sitzen führt, wissen wir, dass er zumindest die Kontrolleur-Funktion innehat.

»Unbedingt Reservieren«, führt die Webseite der österreichischen Bundesbahnen an. Warum verstehen wir nicht. Wir sind die einzigen beiden Fahrgäste in diesem kalten Waggon. Da es der erste Bahnhof ist, lebt die Hoffnung, dass die Heizung die Temperatur innerhalb der nächsten Stunde auf ein erträgliches Niveau anheben wird. Eingehüllt in unsere Mäntel, Mützen und Handschuhe lassen wir uns auf den uns zugewiesenen Sitzplätzen nieder und sehen zu, wie der Zug rumpelnd losfährt.

Der Morgen nähert sich der Mittagszeit an und der Hunger macht sich langsam bemerkbar. So machen wir uns auf den Weg zum Speisewagen. Das Restaurant sieht anders aus, als man es von österreichischen Zügen kennt. Hier gibt es kein Bistro mit gefrorenen, kunstvoll belegten, italienischen Bruschettas, die bei Bedarf genüsslich erwärmt werden. Kleine Stehtische sucht man hier ebenso vergeblich. Dafür empfängt uns der klobige Serbe mit der verwaschenen Mütze und weist uns einen Platz an einem Wirtshaustisch zu, der einfach im Boden verschraubt wurde. Speisekarte gibt es keine. Er zählt uns einfach auf, was es gibt: Bier, Wein, Wasser, Wiener-Schnitzel, Gulasch, Knödel, … Statt kunstvoll benannten südeuropäischen Snacks findet man bodenständige, osteuropäische Hausmannskost.

Wir bestellen zwei Bier und zwei Wiener-Schnitzel. Der Serbe begibt sich in eine Ecke des Speisewagens, wischt sich die Nase ab, krempelt die Ärmel hoch und zündet einen Gasherd an. Ein paar Minuten später, nachdem er uns das Bier gebracht hat, hören wir, wie er die Schweinsschnitzel zu klopfen beginnt, während das Öl in der Pfanne deutlich vor sich hin brutzelt. Hier gibt es keine Tiefkühlspeisen, die in einem Mikrowellenherd aufgewärmt werden. Hier gibt es richtiges Essen, von einem serbischen Allrounder zubereitet.

Er ist mit dem Kochen fertig. In seiner Hand balanciert er die beiden Schnitzel und die Petersilienkartoffel, die auf zwei unterschiedlich bemalten Porzellantellern ruhen. Die Teller haben die beste Zeit hinter sich, schon lange. Trotzdem schmeckt ein frisches Schnitzel, und das Bier dazu, während die Schneelandschaft draußen vorbeizieht.

Wir nähern uns Ljubljana und fahren daran vorbei. Gegen Abend rückt Zagreb näher. Doch Belgrad liegt noch in weiter Ferne. Weniger geographisch als zeitlich.

Wir nähern uns der Grenze. Patric und Ich pilgern zu unseren Sitzplätzen zurück. Es schneit. Nicht nur ein paar Flocken, sondern der halbe Himmel scheint als Schnee zur Erde zu gleiten. Die Außentemperatur sinkt. Und während wir warten, wird die Heizung abgestellt und auch die Innentemperatur beginnt zu sinken. An den Fenstern bilden sich Eiskristalle, die immer weiter hinaufwachsen. Bei den Übergängen von einem Waggon zu nächsten muss man durch Schnee stapfen, der durch die Ritzen im Boden und an den Wänden hinein geweht wurde und zu bizarren Formen erstarrt ist.

Patric und ich sind die einzigen Passagiere in diesem Waggon. Als die Temperatur weiter sinkt, beschließen wir zu dem bulligen Serben im Speisewagen zu gehen. Ein Arbeitskollege von ihm hat sich noch dazugesellt; ebenfalls Serbe, ebenfalls bullig. Er dürfte der Lokführer sein. Wir vier scheinen die einzigen Menschen in diesem Zug zu sein. Gemeinsam warten wir bei einem kalten Bier im wärmsten aller Wagen auf die Grenzbeamten.

Nach ein paar Stunden erscheinen diese auch. Sie begrüßen den Lokführer und den Kochmeister freundlich. Uns begrüßen sie weniger freundlich, sondern wollen unsere Reisepässe haben. Der Grenzbeamte studiert mit eiserner Mine meinen Reisepass. Gefühlte fünf Minuten starrt er abwechselnd in den Pass und mein Gesicht. Dann endlich zückt er seinen Stempel und drückt ihn mit dem Geräusch der Erlösung auf die Visa-Seite herunter. Ebenso mürrisch gibt er mir meinen Reisepass zurück, murmelt irgendetwas, steigt aus und wir sind in Serbien angekommen. Die Heizung im Zug springt wieder an und wir machen uns auf dem Weg zurück zu unseren Sitzplätzen um die letzten Stunden unserer Zugfahrt nach Belgrad dort zu verbringen.

Malaria-Tabletten

BELGRAD 5/2/12

Ich blinzle. Die Sonne scheint ins Zimmer. Der Kopf schmerzt. Irgendetwas stimmt nicht. Ich drehe mich um und will weiterschlafen. Da wird mir klar, was nicht stimmt. Mein Zug nach Istanbul geht um 8:00. Um diese Zeit sollte noch keine Sonne scheinen. Ich suche mein Telefon. Es liegt am Nachttisch, nicht aufgeladen. Am Display blinkt lautlos der Wecker, gibt jedoch keinen Ton von sich. 10:00. Was ist gestern passiert? Da sehe ich Patric. Sein Flug zurück nach Österreich ging heute um 7:00. Doch er schläft seelenruhig vor sich hin. Ich wecke ihn. Erschrocken springt er auf, packt seine sieben Sachen und macht sich auf dem Weg zum Flughafen. Er muss am nächsten Tag arbeiten. Ich rufe bei der Rezeption an und frage, ob ich noch eine Nacht im Zimmer verlängern kann. Mürrisch antwortet mir der Rezeptionist, dass das möglich sei, aber extra koste. Was war gestern los? Ich drehe mich um und schlafe weiter, damit der Kopf klar wird und ich mich an gestern erinnern kann.

Ein paar Stunden später werde ich von einem Geräusch geweckt. Jemand werkelt an meiner Zimmertüre herum. Schwankend gehe ich zur Türe und öffne sie. Vor mir kniet ein Angestellter und klebt mit Silikon eine Fliese an meiner Türschwelle wieder an. Er sieht mich mit unfreundlichen Augen an. Was haben wir gestern hier gemacht? Verwundert schließe ich wieder die Türe und mache mich auf dem Weg zu Dusche.

Geduscht, frisiert und neu bekleidet stapfe ich mit meinem Notizbuch in der Hand durch die verschneiten Straßen von Belgrad und versuche aus den bruchstückhaften Erinnerungsfetzen den gestrigen Abend zu rekonstruieren.

Eigentlich wollten wir nach dem langen Sightseeing-Tag nicht mehr aus dem Hotel gehen. Doch da Patric am nächsten Tag wieder zurück nach Österreich und ich weiter nach Istanbul reisen würde, entschlossen wir uns doch noch für ein abschließendes, gemeinsames Abendessen. Der Reiseführer empfiehlt ein traditionelles serbisches Lokal mit Live-Musik.

Wir haben unseren Weg durch den Schnee zu dem besagten Lokal gekämpft. Der Reiseführer hatte recht mit seiner Empfehlung. In dem alten Gebäude speist man in einem großen getäfelten Saal. Gemälde zieren die hohe Decke. Der Raum wird von gedämpften Kronleuchtern erhellt. Schwere runde Tische biegen sich unter den Fleischbergen, die darauf getürmt sind. Ein Kellner, gekleidet in weißem Hemd, schwarzer Fliege und schwarzer Weste, geleitet uns zu unserem Tisch. Dieser Kellner sollte uns noch zum Verhängnis werden. Während wir die Speisekarte

45

studieren, bringt er uns ein Geschenk des Hauses: Zwei Gläser mit Sliwowitz, einem serbischen Pflaumenschnaps. Wir bestellen eine Riesenportion an gegrilltem Fleisch, so wie die anderen Gäste auch.

Während wir speisen, beginnt eine Band, bestehend aus vier Männern mit Streichinstrumenten, Musik zu machen. Zwischen den traditionellen Liedern aus dem ehemaligen Jugoslawien mischen sich ein paar Walzer aus Österreich. Die Band wandert von Tisch zu Tisch und spielt jeweils ein Lied auf. Während wir der Musik lauschen und uns um ein Jahrhundert in die Kaiserzeit zurückversetzt fühlen, bringt unser netter Kellner noch ein weiteres Geschenk des Hauses und noch ein drittes. Doch dann ist es genug. Wir bezahlen und machen uns auf dem Weg zu unserem Hotel, da wir beide morgen sehr früh los müssen.

Von dem Zeitpunkt an, wo wir das Restaurant verlassen und wieder in die Kälte hinaustreten, beginnen meine Erinnerungen zu verschwimmen. Schemenhafte Fetzen sein alles, was geblieben sind.

Ich betrete ein fremdes Haus und werde von einem Soldaten herausgeworfen. Ich ziehe meine Landkarte heraus und frage ihn nach dem Weg, das besänftigt ihn und er lässt mich gehen.

Wir betreten ein anderes Lokal, reden eine Ewigkeit mit einem Studenten der Medizin.

Wir streiten über den Weg zurück zu unserem Hotel.

Ich werfe mein Handy in den Schnee.

Wir kommen in unserem Zimmer an. Patric schreit, im nächsten Moment weint er. Dann will er mich umbringen. Ich schließe mich in der Toilette ein, schreie, rufe sämtliche Leute von meinem Handy aus an…

Und werde plötzlich von den Sonnenstrahlen geweckt anstatt von meinem Wecker.

Das Ganze macht keinen Sinn. Was war gestern los?

Frierend irre ich durch die kalten Straßen von Belgrad auf der Suche nach einem Kaffeehaus, um einen klaren Kopf zu bekommen.

Schließlich finde ich ein kleines Künstler-Café, ein Ort wo Hemingway oder Fitzgerald ihre Schriften verfasst haben könnten. Während ich meine Gedanken sortiere und Notizen in meinem Buch mache, kommt mir das fehlende Puzzleteil zugeflogen. Um sicherzugehen, gehe ich die Bilder auf meinem Handy durch. Tatsächlich! Vorgestern habe ich einen Schnappschuss von der Packungsbeilage von »LARIAM«, meiner Malaria Medizin, die ich als Prävention für meine Afrika-Reise nehmen muss, gemacht.

Ganz oben steht vermerkt, dass man während der Einnahme keinen Alkohol trinken sollte. Aber wer nimmt das schon so genau? Ich lese weiter. Die Packungsbeilage sagt: »Nebenwirkungen. Häufig: Schlafstörungen (Schlaflosigkeit, abnorme Träume).

Selten: Angst, Erregung oder Unruhe, Stimmungs-schwankungen, Vergesslichkeit, Verwirrtheit, Panikat-tacken, Depression, Sinnestäuschungen (Halluzina-tionen), Aggression und psychotische oder paranoide Reaktionen.«

Schlagartig wird mir einiges klar. Der ganze gestri-ge Abend macht plötzlich Sinn. Die Kombination von Malaria-Tabletten und serbischem Sliwowitz haben die schlimmsten psychotischen Nebenwirkungen wahr werden lassen. Lachend sitze ich in dem Café und würde einiges geben, wenn ich mich selbst ges-tern aus der neutralen Beobachterrolle betrachten könnte.

Der Balkanexpress

Mit meiner Reisetasche in der behandschuhten Hand geht es zum Bahnhof. Der Schnee weht mir um die Ohren. Ich ziehe die Mütze tiefer ins Gesicht und stelle den Kragen meines Mantels auf. Der Schnee bringt pures Chaos über den Balkan. Gestern wurde der Notstand in Serbien ausgerufen. Alle Männer waren von der Arbeit befreit und mussten dafür mit Schaufeln auf die Straßen ausrücken, um den Schnee wegzuräumen. Doch der Himmel hat immer mehr von dem weißen Zeug über die Stadt ausgespuckt.

Ich richte meinen Schal zurecht und stapfe durch den Schnee, der mir bis zu den Schienbeinen reicht, quer über eine dreispurige Fahrbahn. Weit und breit ist kein Auto zu sehen, ein Fahren auf dieser Straße wäre unmöglich. Es scheint als habe die Stadtverwaltung von Belgrad das Räumen der Straßen aufgegeben. Sogar die allgegenwärtigen Schneeschöpfer vom vorigen Tag sind verschwunden. Gut, dass ich mit dem Zug weiterreise, denke ich mir.

Der Balkanexpress ruht auf einem Nebengleis. Schon lange verkehrt diese Bahnlinie zwischen Belgrad und Istanbul. In früheren Zeiten fuhr hier der Orientexpress auf seinem Weg von Paris nach Istanbul vorbei. Doch diese Zeiten sind schon lange Vergangenheit. Der Name »Balkanexpress« klingt vielversprechend. Er klingt nach alten, glorreichen Zeiten. Doch die alte Zuggarnitur, die am Nebengleis steht, bringt mich schnell in die Gegenwart zurück. Der klapprige Zug besteht aus einem guten Dutzend Waggons, wobei alle bis auf einem davon ihre Endstation in Sofia haben werden. Nur dieser eine Waggon wird in Sofia an einem anderen Zug angehängt und sollte einem Tag später in Istanbul ankommen. Auf diesen Waggon steuere ich zu.

Ein mürrischer Türke empfängt mich und führt mich zu meinem Sitzplatz. Dass ich ihn auf Türkisch begrüße, entlockt ihm nur ein müdes Lächeln.

Jeweils sechs Personen teilen sich eine Schlafkabine. Glücklicherweise sind in meinem Abteil nur zwei weitere Reisende untergebracht, zwei junge Belgier, die eine Osteuropa-Reise machen. Der Bruder eines der Reisenden wohnt in Istanbul. Er plant, sie am Bahnhof am nächsten Morgen zu empfangen. Wir reden über belanglose Dinge. Aber dieser Small-Talk muss sein, denn gemeinsam werden wir die nächsten 24 Stunden in dieser Kabine verbringen.

Während des Tages hat man seine gepolsterten und wahrscheinlich auch mit Wanzen verseuchten Sitze. Am Abend klappt man die sechs Liegen von den Wänden herab, um dort zu schlafen. Hat man Glück, bekommt man eine kratzige Wolldecke. Ich habe mir nicht viel erwartet. Vor einem Jahr bin ich bereits mit dieser Zuglinie von Sofia über Belgrad und Budapest zurück nach Österreich gefahren. Ein Artikel im Internet gibt Tipps, wie man die Kabine mit seinem Gürtel und der Leiter, die zu den Stockbetten führt, verbarrikadieren und sich so gegen Diebe und Räuber sichern kann. Denn es kommt immer wieder vor, dass der Balkanexpress ausgeplündert wird, besonders während man schläft. Nicht gerade sehr ermutigend.

Sucht man die Toilette im Zug auf, weiß man, dass man im Nirgendwo angekommen ist. Die Fensterscheibe ist zertrümmert, die Toilette leckt und aus dem schmutzigen Wasserhahn kommt schon lange kein Wasser mehr.

Die rauen Umstände im Zug erschrecken mich nicht. Aber der Umstand, dass es keinen Speisewagen oder keine andere Möglichkeit um Essen zu kaufen gibt, versetzt mich in Unbehagen. Besonders da ich nur zwei Packungen Chips, zwei Dosen Cola und ein bisschen Wasser mitgenommen habe. Für 24 Stunden ist das doch ein bisschen wenig Verpflegung. In meinem Kopf beginnen sich die Räder zu drehen und ich erstelle einen Plan, um meine wenigen Speisen zu rationieren.

Inzwischen hat sich der Zug ächzend und schleppend auf dem Weg gemacht. Vor den Fenstern ziehen gefrorene Schneelandschaften vorbei. Ich lese, schlafe, esse meine rationierten Chips und spiele mit den

Belgiern ein Brettspiel namens Carcassonne. Der grantige Türke bringt überteuerten, überzuckerten türkischen Tee, während die serbisch-bulgarische Grenze näher kommt.

Der Zug quält sich weiterhin langsam durch die Schneemassen, die unermüdlich vom Himmel fallen. Mit vier Stunden Verspätung kommen wir dann an der Grenze an, wo wir im Warten auf die Grenzbeamten weitere Stunden Verspätung anhäufen, bis es schlussendlich im Schneckentempo weiter Richtung Sofia geht.

Sechs Stunden Verspätung in Sofia. Es rumpelt hin und her und plötzlich geht das Licht im Zug aus. Der grantige Türke kommt zu unserem Abteil und will uns etwas sagen. Mit einer Kombination aus Türkisch und Zeichensprache erklärt er uns, dass es nicht weiter geht. Im Süden Bulgariens sei ein Staudamm gebrochen und habe einen Zug von den Gleisen gespült (wie ich später herausfinde, war es genau der Zug, den ich durch meinen Malaria-Tabletten-Cocktail verpasste habe). Unser Waggon wurde vom Zug abgehängt. So schnell es geht sollten wir weiter fahren. Aber einen Tag wird es sicher dauern, da nur ein Zug pro Tag nach Istanbul fährt und wir erst an den morgigen angehängt werden können, falls die Strecke wieder frei ist. Ansonsten kann es auch zwei oder drei Tage dauern. Wenn wir möchten, können wir im Waggon bleiben und schlafen. Dafür möchte er jedoch €20 pro Person. Entrüstet erkläre ich ihm, dass wir sicher nichts bezahlen werden, da wir ja das Ticket nach Istanbul gekauft haben, wo die Nacht inkludiert ist. Ob er das verstanden hat oder nicht, ist fraglich. Jedenfalls geht er murmelnd wieder von unserem Abteil weg.

Ich berate mit den beiden Belgiern, was wir tun sollten. Der jüngere von beiden plant, seinen Bruder in Istanbul anzurufen. Vielleicht erfahren wir ja, ob auf der türkischen Seite die Züge fahren. Dann könnten wir mit einem bulgarischen Bus zur Grenze fahren und von dort aus mit einem türkischen Zug weiter. Ich leihe ihm mein Telefon, da ich mich über das Bahnhofs-WiFi verbinden konnte. Über Skype spricht er mit seinem Bruder. Während er telefoniert, beschließen der zweite Belgier und ich, einkaufen zu gehen, um unsere Vorräte an Essen und Trinken wieder aufzufüllen.

Der Bahnhof in Sofia ist ein altes Relikt aus dem Kalten Krieg. Er besteht praktisch nur aus Beton: Betonsäulen, Betonmauern, Betonböden und Betondecken. Die gewaltige betonierte Eingangshalle wird bei Tag durch ein paar hohe schmutzige Fenster erhellt, vermute ich. Denn ich sehe den Bahnhof nur bei Nacht und durch die Fenster dringt kein Licht hinein. Stattdessen spenden ein paar glimmende Glühbirnen und bleiche Neonröhren Licht.

In einem kleinen von Radiatoren beheizten Kiosk finden wir unsere Verpflegung. Der bullige Bulgare mit Wollmütze und Kappe packt unser Bier und die Chips-Keks-Auswahl in eine Plastiktüte. Obwohl die Radiatoren bis zum Anschlag aufgedreht sind, ist es hier kalt.

Mit unserer Beute in den Taschen begeben wir uns wieder durch die schummrige Unterführung zu dem schneebedeckten Bahnsteig. Wir stapfen die Treppe hinauf. Wir sehen uns um. Doch es ist keine Spur von unserem Waggon zu sehen. Weg. Verschwunden. Nur der kalte Wind pfeift uns um die Nase. In Gedanken entstehen die schlimmsten Szenarien. Ist der Zug weitergefahren? Ich habe nur ein bisschen Bargeld bei mir. Der Reisepass, das Telefon, einfach alles ist in meiner Tasche und diese ist im Waggon. Der Belgier sieht mich verzweifelt an. Was sollten wir tun?

Wir stapfen wieder die Treppe hinab und gehen durch die schummrige Unterführung zur düsteren Schalterhalle. In großen kyrillischen Lettern zeigt die Anschlagtafel, wann die Züge abfahren. Darunter befindet sich ein kleines Schalterhäuschen, in dem eine verschlafen wirkende Dame in grauer Uniform ihren Dienst verrichtet.

Ich klopfe an das staubige Fenster und beuge mich vor um durch den kleinen Sprechschlitz ein: »Zug, Istanbul?«, zu sagen. Sie deutet nur nach oben auf die Anzeige. Mit Mühe kann ich ein kyrillisches Istanbul entziffern. Die Uhrzeit daneben verweist auf die Zeit, wo der Zug abfahren hätte sollen. Lange vor unserer Ankunft. Ich wende mich wieder an die verschlafene Dame hinter dem Sprechschlitz und erkläre, dass das nicht möglich sein kann, da wir erst später angekommen sind und wir nur wissen möchten, auf welchen Bahnsteig der Zug jetzt steht. Sie sieht mich an, öffnet ihren Mund und bringt in gebrochenem Englisch: »Vielleicht morgen«, hervor. Dann schließt sie den Sprechschlitz. Die Audienz ist beendet. Gerade als ich wieder anklopfen möchte, klopft mir jemand von hinten auf die Schulter. Es ist der zweite Belgier, mit meinem Telefon in der Hand. Er erzählt uns, dass der Waggon auf ein anderes Gleis umgestellt wurde.

Wir folgen ihm zum entferntesten Bahnsteig, dort am hintersten Ende sieht man drei kleine Lichter leuchten. Es sind die einzigen drei Fahrgastkabinen, die in diesem Waggon besetzt sind. Ich bin froh den Waggon und meine Sachen wiederzusehen.

Am nächsten Morgen wälze ich mich früh aus meiner Schlafstätte und eile aus dem Waggon hinaus, über den schneebedeckten Bahnsteig und durch die riesige Empfangshalle hinaus auf die Straße. Es schneit immer noch. Doch ein Taxifahrer bringt mich zu Flughafen. Die Zeit rennt, denn in zwei Stunden geht ein Flug nach Istanbul. Das gelbe Taxi schlittert mit den Sommerreifen durch die Schneedecke zum Flughafen.

Wie man es aus einem Film kennt, marschiere ich schnurstracks auf den Ticketschalter zu, verlange ein Ticket für den nächsten Flug nach Istanbul und lege meine Kreditkarte auf den Tresen. Hiermit ist die Zugfahrt nach Istanbul offiziell beendet.

Mzungus

Das Flugzeug landet auf der Piste, bremst und kommt zu stehen. Ich sehe aus dem Fenster. Es ist noch dunkel. Mit langsamen, ausladenden Schritten schlendert ein Afrikaner in Warnweste auf das Flugzeug zu. Er trägt eine Verkehrspylone, um etwas abzusperren. Er scheint zu pfeifen. Während ich aus dem Fenster sehe, schaut er zu mir hoch, sieht mich und hebt seine Hand. Freudig winkt er mir zu. Seine Lippen scheinen ein: »Willkommen in Afrika!«, zu bilden. Da weiß ich, dass ich angekommen bin.

Eine Busfahrt später spazieren Philipp und ich in die Herberge; ein alter luftiger Bau. Die Zimmer sind um einen Innenhof mit tropischen Pflanzen angeordnet. Ein hoher Zaun mit einem Abschluss aus Stacheldraht grenzt das Grundstück zur Straße hin ab. Wir begeben uns zur Lobby und möchten in unser Zimmer einchecken. Das komplette Personal scheint von der Schlafkrankheit geplagt zu sein. Obwohl alle in schöne Uniformen verpackt sind, gehen sie wie wandelnde Leichen mit halb geschlossenen Augen schleppenden Schrittes unter den Arkaden herum.

Die Dame am Tresen trägt unsere Daten in ein dickes Buch ein, während sie den Schein erweckt, sie könnte jederzeit einschlafen und kopfüber auf das

Buch fallen. Nachdem die Formalitäten erledigt sind, sagt sie uns, dass das Zimmer noch nicht fertig sei. Ich frage, bis wann wir damit rechnen können. Sie verweist uns auf ein paar Plastiksessel und antwortet auf Englisch: »Vielleicht eine Stunde, vielleicht Zwei«, und zieht schleppenden Schrittes von dannen. Wir wundern uns, was mit diesem Ort los ist. Und dann nach ein, zwei oder drei Stunden ist es soweit: wir können in unser Zimmer.

Nach einem kurzen Schlaf, um den Nachtflug zu kompensieren, sind wir bereit für das Abenteuer. Bekleidet mit den ältesten, zerschlissensten Kleidern, die wir haben, ohne Schmuck, Mobiltelefon oder Kamera geht es aus dem schützenden Hotelareal hinaus. Im Reiseführer steht, dass man sich so unauffällig wie möglich kleiden sollte. Doch das bringt absolut nichts. Als Weißer sticht man nur so aus der Menschenmenge heraus. Sobald wir durch das schützende Tor auf die sandige Straße hinaustreten, sieht uns gleich ein erster Taxifahrer. Sofort zeigt er mit ausgestreckter Hand auf uns und schreit ganz laut »Mzungu, Mzungu!«

Angelockt von dem Ruf kommt sogleich ein Afrikaner in Jeans, einem alten, bunten T-Shirt und den üblichen Plastik-Flip-Flops auf uns zu. Er spricht sehr gut Englisch und stellt sich als Kevin vor. Kevin ist Künstler und wir scheinen ein potentielles Sparschwein zu sein, das es zu schlachten gilt. Er zeigt uns seine Bilder und möchte uns einige verkaufen. Uninteressiert gehe ich nicht auf ihn ein. Philipp hört ihm jedoch zu und kauft ihm ein Bild ab. Darauf gibt Kevin einem herumstehenden Freund seine restlichen Bilder und sagt, dass er uns heute begleiten würde. Er empfiehlt uns, einen Strand auf der anderen Seite des Hafens vor Dar as-Salam anzusehen. Dorthin gehen die meisten Touristen. Sein Vorschlag klingt gut.

Wir schlendern an der Promenade entlang, vorbei an diversen Händlern hin zum Fährterminal. Rostige, alte Autos warten in einer Reihe, um auf die noch rostigere Fähre zu kommen. Dazwischen wimmeln Massen von Fußgängern, die auf dasselbe Boot möchten. Wir kaufen unser Ticket, drängen uns durch die bettelnden Kinder und die allgegenwärtigen Händler hindurch und finden zwischen unzähligen Menschen eingequetscht einen Stehplatz. Die alte Fähre tuckert los und nach knappen fünf Minuten sind wir auf der anderen Seite des Hafens angekommen, wo sich eine ungeheuerliche Flut von Menschen, Autos und Karren von der Fähre auf das Festland entleert. Wir werden von diesem Schwall mitgerissen.

Kevin winkt uns zu einem Tuk-Tuk-Fahrer heran. Er verhandelt mit ihm in dieser unvergleichlichen ostafrikanischen Manier. Ohne dem Gesprächspartner in die Augen zu sehen, und mit gesenkter Stimme, reden die beiden Verhandlungspartner für ein paar Minuten miteinander. Die Hände spielen mit einem Stein, oder die Füße wirbeln den Staub am Boden auf. Schließlich ist man sich über den Fahrtpreis einig und es kann losgehen.

Das Tuk-Tuk, ein umgebautes Moped mit Sitzbänken und einem Dach, bringt uns zu einem wunderbaren, weißen Sandstrand mit blauem Meer, Palmen und Abfall, der den Weg dorthin säumt.

Hier sitzen wir und reden mit Kevin, der uns die Geschichte der »Künstler« erklärt. Meistens läuft die Geschichte ähnlich ab. Die Kinder finden sich alleine auf der Straße wieder, da die Eltern an AIDS gestorben sind. Um zu überleben, schlagen sie sich mit Gelegenheitsjobs durch: Bananen verkaufen, Kokosnüsse verkaufen, Wasser verkaufen.

Wenn sie sich auf der Straße durchschlagen können und Glück haben, werden sie von einem älteren Künstler, der dieselbe Geschichte hinter sich hat, in das Handwerk des Malens oder Schnitzen eingeweiht. Wer genau mit dem Kunstprojekt startete, ist ungewiss. Der Gedanke dahinter ist jedoch klar. Man möchte den Straßenkindern eine Hoffnung geben, dass sie ihr Leben durch den Verkauf von Kunst bestreiten können und nicht als Kriminelle enden müssen. Die Idee ist gut. Nur leider gibt es für hunderte von Künstlern keinen Absatzmarkt. Darum muss der »Mzungu« herhalten, der als Tourist kommt. Denn der Mzungu ist reich, in den Augen der Künstler. Und im Vergleich mit den Künstlern ist der Mzungu auch wirklich reich.

Als Rucksacktourist kann man nicht unzählige Bilder kaufen. Aber man kann einen »Künstler« als Führer mitnehmen. Wenn man ihm ein kleines Trinkgeld gibt und das Essen und Trinken bezahlt, dann hat man für einen Tag einen guten Deal gemacht, der sich für beide Parteien auszahlt. Der Künstler ist Dolmetscher. Er kennt die Gegend. Er weiß, wo es gutes, billiges Essen gibt. Er weiß, wo man nicht hingehen sollte. Er kann beim Verhandeln helfen. Aber vor allem bietet er einen Schutz gegen andere »Künstler«. Denn als Weißer in Tansania ist man niemals lange alleine.

Am Abend nehmen wir Kevin und noch zwei andere »Künstler«, die uns über den Weg gelaufen sind, mit in eine Bar. Wir laden sie auf eine Runde Whiskey ein, so nennen sie den lokalen Schnaps, der in einem Plastikbeutel serviert und mit Cola, Fanta oder Sprite gemischt wird. Nachdem wir den ersten Beutel getrunken haben, sieht mich Kevin entsetzt an und sagt mir: »Du weißt aber schon, dass es in Tansania sehr unhöflich ist und Unglück bringt, wenn man nur eine ungerade Anzahl von Runden ausgibt?« Ich sehe ich mit demselben entsetzten Ausdruck an und antworte: »Du weißt aber auch, dass es in Europa sehr unhöflich ist und Unglück bringt, wenn man auf ein Getränk eingeladen wird und noch ein weiteres verlangt?« Da beginnt er zu lachen, klopft mir auf den

Rücken und sagt, dass ich jetzt die Kunst des ostafrikanischen Palavers verstanden habe. Denn die Kunst
liegt darin, stundenlang zu verhandeln und zu diskutieren, um zu einer Lösung zu kommen, die fair ist
und beiden Seiten das Gefühl gibt gewonnen und ihr
Gesicht gewahrt zu haben.

Abendessen
MOSHI 13/2/12

19:00. Wir sitzen bei einem Bier der Marke Kilimanjaro in unserer Herberge und genießen die Aussicht auf den gleichnamigen Berg vor uns. Unsere Unterkunft wurde zum bester Herberge in Westafrika gekürt, da man vom Pool aus den höchsten Berg Afrikas beobachten kann. Der Pool jedoch hat seine besten Tage bereits hinter sich.

Wir sitzen in der Herberge, da uns die Dame an der Rezeption gewarnt hat nach der Dämmerung aus den schützenden Mauern zu gehen. Es sei sehr wahrscheinlich, dass wir ausgeraubt werden, hat sie uns gesagt.

Während wir uns mit dem Moskitospray die nackten Hautstellen einreiben, die zwischen der imprägnierten Kleidung hervorscheinen, läutet mein Mobiltelefon. Es ist Kenneth, den wir am Abend zuvor in Dar as-Salam getroffen haben. Er fragt ob wir mit ihm und seinem Arbeitskollegen etwas trinken gehen möchten. Ich sage ihm, dass es – laut der Rezeptionistin – nicht sicher sei, bei Dunkelheit auszugehen. Kenneth meint, dass wir uns keine Sorgen machen sollen, denn er komme uns abholen.

Mit einem Einheimischen werden sie uns schon nicht überfallen, denken wir uns. So verstauen wir alle unsere Wertsachen im Zimmer, nehmen nur ein bisschen Bargeld mit und warten in der Nähe des Tores auf Kenneth. In der Dunkelheit suchen wir die sandige Straße nach ihm ab. Er müsste aus der Richtung des Dorfes kommen. Vielleicht trägt er eine Taschenlampe mit sich.

Wir warten. Ein Auto fährt vor. Das Tor öffnet sich. Wir treten zur Seite. Der Wagen fährt jedoch nicht hinein. Er parkt vor dem Tor. Es ist ein schwarzer Audi A6 mit gefärbten Scheiben. In Europa wäre das nichts besonders gewesen. Doch hier im Norden von Tansania fällt so ein Auto auf.

Während wir uns noch wundern, öffnet sich die Türe und Kenneth winkt uns. Wir sollen einsteigen. Verwundert steigen wir ein und nehmen auf der Rückbank Platz. Am Steuer sitzt ein schlaksiger Afrikaner. Erst nach dem Aussteigen sehen wir, wie groß und dünn er eigentlich ist. Sein in Pastellfarben gestreiftes Hemd wird von einer schwarzen Jeans und Flip-Flops abgerundet. Kenneth stellt ihn uns als seinen Vorgesetzten bei der Ingenieursfirma vor, für die er arbeitet. Neben dem schlaksigen Vorgesetzten sitzt seine jüngere Freundin, die er uns als seine »kleine Frau« vorstellt.

Wir fahren im schwarzen Audi über die sandigen Straßen. Hier in Afrika haben materielle Dinge einen anderen Wert als bei uns. Wenn man sich ein teures Auto leisten kann, dann kauft man es sich. Damit zeigt man seinen Status und sein Einkommen. Doch niemand würde seine Zeit dafür verwenden das Auto zu hegen und zu pflegen. So auch hier. Die Windschutzscheibe habe einen Sprung, erklärt uns der Vorgesetzte am Steuer, weil er unter einem Mangobaum geparkt habe und eine reife Mango auf die Scheibe fiel. Man möchte sich gar nicht vorstellen, was passiert, wenn einem Fußgänger so eine Mango auf den Kopf fällt, oder wenn es statt einer Mango eine Kokosnuss ist.

Wir kommen bei dem Restaurant an: Ein Bretterbau an der Seite der staubigen Sandstraße. Zwei Autos parken davor. Als wir im Audi vorfahren, sind alle Augen auf uns gerichtet. Sobald sich die Türen von unserem Auto öffnen und drei gut gekleidete Tansanier begleitet von zwei Mzungus in zerschlissenen Kleidern aussteigen, sind nicht nur die Augen weit aufgerissen, sondern auch die Münder. Philipp und ich folgen Kenneth und den anderen beiden über die Treppe in das erste Stockwerk hinauf. Hier nehmen wir auf hölzernen Hockern, die um einen Brettertisch, von dem die Farbe abblättert, herumstehen, Platz. Zu dem Kilimanjaro-Bier, das wir bestellen, gibt es noch Hühnchen und Pommes dazu. Das Essen wird wie überall in Tansania ohne Besteck serviert. Dafür wäscht uns der Kellner die Hände. Dazu bringt er ein Plastikbecken, über das Kenneth seine Hände hält. Dann gießt der Kellner aus einem Krug Wasser über Kenneths Hände. Ein bisschen ungelenkig versuchen es Philipp und ich ihm nachzumachen.

Hühnchen in Westafrika sind immer ein besonderes kulinarisches Erlebnis: hier hat man mehr Knochen und Haut als Fleisch. Auch die Kartoffelstäbchen wirken, als wurden sie nur in Öl eingelegt anstatt frittiert. Wir spülen unser Essen mit dem Bier hinunter.

Währenddessen beginnt Kenneths Vorgesetzter zu erzählen. Bevor er zu dieser Firma kam, war er lange Jahre Fahrer im Ngorongoro-Nationalpark. Diese Zeit hat er immer noch gut in Erinnerung. Am beeindruckendsten sei es gewesen, wenn man beobachtet, wie ein Löwe eine Gazelle oder ein anderes Wildtier jagt. Diese Dynamik und Kraft sei unvorstellbar. Nachdem die Zeiger der Uhr bei halb Zwölf stehen, beschließen wir zu zahlen und wieder zu unserer Unterkunft zurückzufahren, da wir am nächsten Tag in aller Frühe einen Ausflug geplant haben. Der ehemalige Fahrer besteht darauf, uns alle einzuladen. Wir protestieren, doch Kenneth beruhigt uns damit, dass sein Vorgesetzter wahrscheinlich mehr Geld habe als wir beiden weißen Touristen zusammengenommen.

Wir fahren vor unserer Unterkunft vor. Alles ist ungewöhnlich still und das Tor ist verriegelt. Ein Schild verweist darauf, dass kein Einlass zwischen 22:00 und 6:00 möglich ist. Philipp schlägt vor, über den Zaun zu klettern, doch der Vorgesetzte meint, wir sollen sitzen bleiben. Es sei kein Problem, dass wir zu spät sind. Er drückt zweimal auf die Hupe. Ein verschlafener Wachmann kommt aus der Dunkelheit zum Zaun gehumpelt. Als er den Audi sieht, scheint er auf einmal hellwach zu sein. Er macht schnell kehrt und läuft in die Herberge hinein. Ein paar Sekunden später gehen überall die Lichter an. Er kommt wieder herausgelaufen und öffnet das Tor. Im Hintergrund erscheinen drei Personen vom Dienstpersonal, die sich hastig ihre Uniformen zurechtrücken und in strammer Haltung warten, während wir über den Hof zu unserer Unterkunft marschieren. Sobald wir im Gebäude verschwunden sind, unseren Schlüssel geholt haben und auf das Zimmer gehen, wird das Tor wieder verriegelt, die Beleuchtung abgeschaltet und das Dienstpersonal legt sich wieder schlafen. Ich frage mich, ob dasselbe auch für jemanden gemacht wird, der mit einem Fahrrad oder zu Fuß spät abends ankommt.

Machame
MACHAME 14/2/12

Wir steigen in das Dalla-Dalla ein. Es ist ein kleiner Transporter, dessen Ladefläche mit kleinen, hölzernen Bänken versehen wurde. Es gibt keine richtigen Fahrtzeiten für das Dalla-Dalla. Abgefahren wird, wenn es gefüllt ist. In unserem Fall bedeutet »gefüllt«, dass sich 14 Personen auf die Holzbänke quetschen, exklusive der beiden Mzungus: Philipp und mir.

Der kleine Minibus beginnt los zu rattern. Der erste Stopp ist eine Tankstelle. Der Fahrer hat zuerst das Geld von den Busgästen einsammeln müssen, um den Bus auftanken zu können. Nachdem der Treibstoff für die geplante Tour reicht, macht sich der Minibus auf einer kleinen staubigen Straße auf den Weg hinaus aus Moshi und fährt in Richtung Kilimanjaro. Die Vegetation am Straßenrand verändert sich. Von Meter zu Meter kommen neue, höhere Pflanzen, für die uns die Namen fehlen, zum Vorschein. Die Straße führt bergauf. Ein Mann in seinem verwaschenen T-Shirt mit Flip-Flops aus Plastik klopft gegen die Fahrerkabine. Der Minibus wird langsamer, der Mann steigt aus. Der Bus fährt weiter.

Am Straßenrand stehen ein paar Frauen. Sie winken. Der Fahrer wird wieder langsamer und die Damen steigen ein. So geht es immer weiter die staubige

Straße entlang auf die Ausläufer des Kilimanjaros hinauf.

Der Busfahrer wendet und bleibt stehen: Endstation. Wir klettern von der mit Sitzbänken bestückten Ladefläche hinab auf die staubige Straße. Die tropische Sonne sticht vom Himmel. Wir sind in Machame angekommen. Der Reiseführer beschreibt Machame als »unbedeutend«. Irgendwie scheint es zuzutreffen. Man sieht ein paar Häuser im Dschungel, die man durch Trampelpfade von der Straße aus erreichen kann. Doch wir halten uns an die »Hauptstraße« und marschieren blind drauflos weiter den Hügel hinauf.

Von einem Seitenweg kommt ein kleiner Junge aus dem Dschungel auf die Hauptstraße hinaus. Er dürfte um die 7 Jahre alt sein. Er trägt eine kurze beige Hose, ein altes Hemd und einen blau-grünen Pullover. Zwei riesige Augen, die uns neugierig mustern, stechen von seinem kurz geschorenen, schwarzen Kopf hervor. In seiner Hand hält er einen Wasserkanister. Er folgt uns. Wir bleiben stehen, um in unserer Karte nachzusehen, wo die Straße hinführt. Der kleine Junge bleibt auch stehen. Philipp kann zwei Sätze auf Swahili, die er gleich ausprobieren muss: »Jina lako nani? Una toka wapi?«, das bedeutet »Wie heißt du? Woher kommst du?«

Der Junge sagt etwas auf Swahili, das wir nicht verstehen. Mit Händen und Füßen versuchen wir mit ihm zu reden. Ich deute auf eine kleine Ziege, die im

69

Schatten eines Baumes angebunden ist und sage »Simba?«, das Swahili Wort für Löwe. Er lacht, schüttelt den Kopf und sagt »Buzi«. Ich versuche ihn mit etwas Kreativität zu fragen, ob hier kein Löwe die Ziege frisst. Mit der linken Hand mache ich eine Faust, schaue darauf und sage »Buzi«. Die rechte Hand öffne ich, blicke mit den Augen hin und sage »Simba«. Dann fahre ich schnell mit der rechten Hand auf die linke Faust und sage, während ich mein Gesicht verzerre: »Simba mraaah Buzi!« Der kleine Junge schaut mich ganz verängstigt und erschrocken an. Er versteht nicht, was ich ihn fragen möchte. Wir gehen weiter, da keine Kommunikation möglich ist. Doch der Junge folgt uns. Bleiben wir stehen, bleibt er auch stehen.

Als wir bei einem kleinen Bretterladen vorbeikommen, sehen wir ein rotes Coca Cola Logo. Ich gehe hinein und kaufe drei eiskalte Cola. Für Philipp, mich und dem kleinen Jungen, der uns folgt. Ich halte ihm die Flasche hin, doch er will sie nicht nehmen. Ich lächle, sage auf Englisch: »Die gehört dir!«, und halte sie ihm nochmals hin. Da nimmt er sie ganz zaghaft, geht ein paar Schritte zurück und stellt sie auf einen Stein. Er bleibt daneben stehen und schaut mich mit offenen Augen an. Ich lache und sage nochmals: »Für dich!«, und deute mit einem freundlichen Nicken auf die Flasche. Da nimmt er die Flasche mit beiden Händen, sieht mich nochmals an und läuft, so schnell ihn seine kleinen Füße tragen, die staubige Straße hinab.

Wir gehen weiter die Straße hinauf, die sich langsam in eine Sandpiste verwandelt, auf der selbst das Gehen schwerfällt. Hinter uns kommen drei Schulkinder, die eine ähnliche Uniform tragen, wie der erste Junge. Ich mache ein Foto von den lachenden Kindern. Sie bestaunen uns und der Mutigste von ihnen greift Philipp bei der Hand, betastet ihn verwundert und – er kann es sich nicht verkneifen – riecht an der Hand. »Aah«, sagt er mit einem Kopfschütteln, das so etwas wie: »Das ist doch auch ein Mensch, wenn auch ein komischer…«, bedeutet. Er lässt Philipps Hand nicht mehr los und spaziert händchenhaltend neben ihm her.

Wir kommen an einer Grundschule vorbei. Eines der Kinder sieht uns und beginnt zu schreien. Plötzlich kommen die anderen Kinder herangestürmt, winken und begrüßen uns mit einem freundlichen: »Goodbye!«, oder vielleicht verabschieden sie uns… genau weiß man es nicht. Aber das Lachen und die Begeisterung der Kinder sind jedenfalls echt.

Ein bisschen später lädt uns ein junges Mädchen mit einem: »Karibu!«, ein, in den Garten zu ihrer Familie zu kommen. Wir folgen ihr um ein Lehmhaus herum und nehmen auf zwei Plastiksesseln Platz. Sie kann kein Swahili, sondern nur die traditionelle Stammessprache. Wir können auch kein Swahili, daher ist

71

es egal. Aber wir verstehen, was sie möchte. Ihre Mutter bäckt gerade undefinierbare kleine Kuchen. Und sie möchte uns gerne ein paar Stück davon verkaufen. Auch hier im Nirgendwo hat die Marktwirtschaft bereits Einzug gehalten. Aber fehlende Nachfrage lässt den Preis ins Bodenlose stürzen. Ganze 100 Shilling möchten sie pro Kuchen – umgerechnet sind das 5 Cent. Fast ein Hundertstel, von den Preisen in der Stadt. Wir nehmen vier, obwohl sie trocken sind und grauenhaft schmecken. Und wie es die Gastfreundschaft gebietet, kommt sie mit Wasser und Seife, damit wir vor dem Essen mit den Händen unser Besteck waschen können.

Nach ewigem Verabschieden sind wir wieder auf der Straße und unterwegs zum Dalla-Dalla. Im Bus angekommen drückt mir kurzerhand eine Mutter ihr Baby in den Arm. Alle, die um mich herumsitzen, lachen. Da das Baby nicht zu schreien beginnt, darf ich es die ganze Fahrt über halten und unterhalten. Irgendwann beginne ich mit dem Baby auf dem Arm einzuschlafen. Und im Halbschlaf denke ich mir, wie sehr sich doch der Reiseführer dabei geirrt hat dieses Dorf als »unbedeutend« abzustempeln.

Olympic A

Unser Bus stoppt in Babati. Ein Dorf, dessen Straßennetz nicht einmal auf Google-Maps eingezeichnet ist. Der Fahrer sagt: »Endstation!«, und steigt aus. Verwirrt stehen wir hier im Nirgendwo. Die Männer am Busbahnhof sagen uns, dass morgen ein Bus weiterfahren würde. Also machen wir uns auf die Suche nach einer Unterkunft.

In Babati gibt es genau ein Lokal, in dem man seinen Abend bei Bier und Gesprächen verbringen kann: Olympic A. Nachdem wir unsere Unterkunft und ein Abendessen gefunden haben, verschlägt es uns dorthin. Wir nehmen an einem Tisch auf der Holzveranda Platz. Die Kellnerin kommt zu uns. Wir bestellen ein Bier. Als sie unsere Bestellung bringt, fragt Philipp seine beiden Sätze, die er auf Swahili kennt: »Jina lako nani? Una toka wapi?«. Sie sagt etwas, das wir nicht verstehen und setzt sich an den Tisch zu uns. Scheinbar ist es die Besitzerin, denn eine Kellnerin bringt ihr ebenfalls ein Bier. Sie deutet auf ihre Bar, sagt: »Olympic A!«, und hält den Daumen hoch. Da wir der Sprache nicht mächtig sind, fragt Philipp einfach nochmals die beiden Fragen: »Jina lako nani? Una toka wapi?« Nachdem wir uns gegenseitig vorgestellt haben, deutet sie wieder auf ihre Bar, lacht und sagt: »Olympic A!« Da fällt ihr auf, dass ihr Bier zur Neige geht. Darum deutet sie auf das Bier und sagt auf Englisch: »Noch eines?« Da unsere Getränke auch zur Neige gehen, nicken wir. Sie bestellt etwas für uns Unverständliches von der Bedienung. Ein paar Minuten später kommt das Bier, Allerdings nur für die Besitzerin und nicht für uns beide. Ok. Auch egal, denke ich mir. Da nimmt die Besitzerin einen Notizblock und schreibt den Preis für ihr Bier auf und hält ihn mir hin. Anscheinend hat sie mit dem »Noch eines?« gemeint, dass wir sie auf ein weiteres Bier einladen. Lachend ziehe ich einen Geldschein aus meiner Tasche heraus und gebe ihn der Bedienung. Da sagt die Besitzerin: »Tip, Tip.« Sie will Trinkgeld dafür, dass wir sie in ihrem Lokal einladen. Ich verstehe die Welt nicht mehr.

Ein paar Minuten später kommt sie auf die Idee, uns ihre Kinder vorzustellen. Sie eilt in das Lokal hinein und bringt ihre beiden verschlafenen Kinder heraus, die uns verwundert die Hände schütteln, während sie uns mit englischen Phrasen wie »I'm fine«, »Goodbye« oder »Welcome« begrüßen. Es scheint, als wären wir die ersten Mzungus, die sich seit Jahren in dieses Dorf verirrt haben. Die Kinder werden wieder in das Haus gebracht. Und die Besitzerin deutet wieder lachend auf ihre Bar und sagt: »Olympic A!«, und gibt mit dem Daumen zu verstehen, wie gut ihre

Bar ist. Philipp will ihr die beiden Fragen nicht nochmals stellen, darum schweigen wir am Tisch.

Plötzlich hat die Besitzerin wieder eine Idee. Sie springt hoch und nimmt Philipp bei der Hand. Sie bringt ihn ins Lokal hinein und führt ihn von Tisch zu Tisch. Dort stellt sie ihm jeden Gast, der im Lokal ist, vor, mit vollem Namen und der jeweiligen Berufsbezeichnung.

Irgendwie wird mir das alles zu komisch, so bezahle ich und bedeute Philipp, dass wir heimgehen sollen. Er ist einverstanden. Doch die Besitzerin will uns begleiten. Die Vorstellung im Lokal wird um eine Stadtführung erweitert. Bei jedem Haus bleibt sie stehen und sagt etwas dazu. Wir kommen nur schleppend voran. Plötzlich kommt aus dem Lokal ein Mann herausgelaufen. In seinen Armen trägt er eines der Kinder der Besitzerin, es schläft. Verzweifelt deutet er auf das Kind, sagt etwas zu ihr auf Swahili und will, dass sie zurück in die Bar geht. Doch sie lacht nur, macht eine abfällige Handbewegung und fährt mit ihrer unverständlichen Gebäudeerklärung fort. Der Mann mit dem Kind in den Armen geht traurigen Schrittes zum Lokal zurück.

Die Situation ist einfach nur absurd. Ich möchte heim ins Bett. Philipp folgt mir. An seiner Hand die Besitzerin. Vor unserem Hotel schüttelt er ihr mit seinem typischen Lächeln die Hand und sagt: »Danke!« Verwirrt sieht sie ihn an. Und er schüttelt ihr nochmals die Hand: »Vielen Dank. Gute Nacht!« Traurigen Schrittes macht sie kehrt und geht zum Lokal zurück.

Während wir die Besitzerin von Olympic A in der dunklen, afrikanischen Nacht verschwinden sehen, sagt Philipp zu mir: »Wie nett die Tansanier doch sind. Sie hat uns einfach so zu unserem Hotel begleitet.«

Afrikanische Busse

DAR, MOSHI, DODOMA, IRINGA 13-18/2/12

Der Busbahnhof von Dar es-Salaam ist ein verbarrikadierter Bau, der einer Militäranlage gleicht. Die hohe sandfarbene Mauer, die ihn zum Schutz umringt, wird nur von einem großen Tor – für die ausfahrenden Busse – und einem kleinen Durchgang – für die Passagiere mit Tickets – unterbrochen. Beide Eingänge sind von Sicherheitskräften bewacht. Vor der Mauer stehen unzählige kleine Hütten, in denen die Bustickets verkauft werden.

Die Kunst bei afrikanischen Busbahnhöfen liegt darin, aus dem Taxi auszusteigen, sich seinen Weg durch die Massen zu bahnen, mit seinem Ticket durch die schützenden Tore in den Busbahnhof zu kommen und dabei den »Fly-Catchers« zu entgehen. »Fly-Catcher« werden die Leute genannt, die vor den Toren des Busbahnhofs ihre Stellung bezogen haben und versuchen aus jedem Ankommenden so viel Geld wie möglich zu pressen. Sie werden nach den klebrigen Fliegenfängern benannt, weil sie an den Fahrgästen »kleben« und ihnen nicht mehr von der Seite weichen, bis diese durch das schützende Tor eingehen.

Unser Dalla-Dalla nähert sich dem Busbahnhof. Wir sind seelisch auf die »Fly-Catcher« vorbereitet. Doch die Realität übertrifft die seelische Vorbereitung. Kaum wird der Minibus langsamer, laufen schon von allen Richtungen Männer herbei, die den Bus umringen. Diese Menschentraube hat es nur auf zwei Gäste abgesehen, auf die beiden Mzungus: Philipp und mich. Kaum sind wir von der Ladefläche gesprungen, will mir schon ein Fliegenfänger meine Tasche aus der Hand reißen. Mit eisernem Griff halte ich die Tasche fest; er auch. Von links kommen drei Männer, die uns Tickets verkaufen wollen und dafür eine Kommission bekommen. Die Sonne sticht vom Himmel. Einer reißt an meiner Tasche, drei schreien auf mich ein, ein weiterer zieht an meinem Arm. Doch ich versuche stoisch diese Leute zu ignorieren und eisern auf die rettende Türe zuzugehen. Gut, dass wir die Tickets schon einen Tag im Voraus gekauft haben. So pflügen wir unseren Weg durch die lärmenden Massen, die wir geflissentlich ignorieren, und werden von den Sicherheitsleuten in die ruhige Oase des Busbahnhofes eingelassen.

Dar-Moshi. Der Bus nach Moshi entspricht europäischen Standards: Man hat seine bequemen, gepolsterten Sitze, ein Busbegleiter versorgte einem mit Getränken und Snacks und alle ein oder zwei Stunden gibt es einen Halt an einer Raststätte.

Wir steigen in Moshi aus. Ich suche auf der Karte, wo wir sind und wo unsere Unterkunft ist. Plötzlich bemerkt Philipp, dass er seine Kamera im Bus vergessen hat. Was sollen wir jetzt machen? Die Kamera hat sicherlich bereits einen neuen Besitzer gefunden. Trotzdem rufen wir die Busgesellschaft an. Am Telefon erklärt Philipp, dass wir in Moshi stünden, gerade aus dem Bus ausgestiegen seien und er seine Kamera im Bus vergessen habe. Der Mann am anderen Ende erklärt uns, wir sollen kurz warten, er melde sich bei uns, was wir tun sollen.

Ein paar Minuten später läutet das Telefon erneut. Es ist der Servicemann. Er erklärt, dass er mit dem Bus telefoniert habe. Sie haben die Kamera gefunden. Der Bus habe bereits umgedreht und wird zu uns zurückkommen. Wir sollen dort warten, wo wie aus dem Bus ausgestiegen sind. Und nach ein paar Minuten ist es wirklich so weit. Der Bus kommt zurück und ein lächelnder Bus-Begleiter reicht Philipp seine Kamera, bevor er sich mit einem freundlichen Lächeln wieder verabschiedet und der Bus weiter seine Route fährt.

Moshi-Babati. Unser nächstes Ziel ist Iringa. Wir kommen nur über Arusha – die schlimmste Touristenmetropole Tansanias – nach Dodoma. Und von Dodoma fährt ein klassischer Überlandbus weiter nach Iringa.

So ist der Plan.

Am Busbahnhof von Moshi finden wir den richtigen Bahnsteig und den richtigen Reisebus. Hier darf man erst ein paar Minuten vor der Abfahrt einsteigen.

Als die Busangestellten jedoch unsere Hautfarbe sehen, öffnen sie den Bus für uns, lassen uns hinein und bewachen die Türe, damit niemand anders noch einsteigt.

Der Bus hier ist, um es mit einem richtigen Wort auszudrücken, speziell. Links und rechts des Mittelgangs sind jeweils zwei Sitze angebracht. Ein fünfter Sitz wird schließlich auf den Gang selber gestellt. Damit besteht der ganze Bus aus Sitzreihen mit jeweils fünf Sitzplätzen. Der Bus füllt sich. Und die Frau neben mir, die das achtfache Körpergewicht von mir besitzt, bewirkt, dass ich ganze 0,3 Sitzplätze für mich alleine habe. Aber 4 Stunden gehen vorbei, irgendwie... und wir landen dann in Babati, wo, anders als geplant, Endstation ist.

Babati-Dodoma. Man lernt dazu, wie man als Mzungu die Fly-Catcher verjagt, wie man durch das Busfenster Wasser, Bananen und Nüsse kauft, und wie man sich einen guten Sitzplatz organisiert. Aber jeder Tag bringt neue Überraschungen mit sich. Beim Kauf des Tickets haben wir darauf geachtet einen Zweiersitz zu reservieren und nicht die platzlose 3er-Sitzbank. Aber wer rechnet damit, dass das nur für die halbe Fahrt gilt? In Kondoa, einen Ort, den nicht einmal der amerikanische Geheimdienst kennt, angekommen, müssen wir den Bus wechseln. Und ich komme wieder in der Mitte einer 3er-Sitzbank zum

Sitzen, rechts neben mir am Fenster sitzt Philipp. Auf meiner linken Seite sitzt eine Mutter mit einem kleinen Kind auf dem Arm. Die 3er-Sitzbank ist für zwei Menschen berechnet. Wir sitzen hier zu viert. Und unsere Taschen nehmen den kompletten Platz vom Fußraum ein. Wir sitzen wie zementiert. Ich kann nicht einmal die Füße bewegen.

Die Mutter ernährt das kleine Kind scheinbar nur mit Schokoladekeksen und Cola. Nachdem sie das »gesunde Essen« jeweils in ihr Kind hineingestopft hat, wirft sie die leeren Packungen über unsere Köpfe hinweg beim Fenster hinaus. Ich hätte am liebsten das Kind rausgeworfen und die Mutter hinterher. Denn zuerst wirft das Kind die offene Cola-Flasche zu Boden, auf meine Füße, auf meine Schuhe, auf meine Tasche. Dann wird die Mutter zornig und zwickt das Kind ins Bein. Dann wird das Kind zornig, fängt an zu weinen und die ganze Keks-Cola-Mischung auszuspucken und auszuspeien, auf meine Füße, auf meine Schuhe, auf meine Tasche. Da der Platz so eng ist, kann ich mich nicht auch nur um einen Millimeter bewegen und bekomme die volle Cola-Kekse-Speichel-Ladung ab.

Aber verglichen mit den Stehplatzleuten, die die komplette achtstündige Fahrt mit ihrem Gepäck in der Hand am Gang stehen, bin ich noch gesegnet. Denn das Cola-Keks-Kind-Gemisch war nach einer Stunde getrocknet. Die Steher hatten noch 7 Stunden

Fahrzeit ohne Sitze vor sich und das bei einer sehr exotischen Straße. Solche Sandpisten sind für uns Europäer unvorstellbar, für den Busfahrer aber nicht, darum kann er auch mit 120km/h darüber brettern.

Dodoma-Iringa. In afrikanischen Bussen wird die Versorgung der Reisenden von kreativen Händlern übernommen. Bei jedem Busstopp eilen Frauen und Kinder bepackt mit Kartons, die mit Chips, Nüssen und Cola gefüllt sind, herbei. Man wählt sein Essen aus, nimmt es aus der Box und bezahlt den Händler dafür. Je weiter wir von der Hauptstadt in unserem 3er-Sitz Bus wegkommen, umso skurriler wird die Essensversorgung. Hier werden einem keine Nüsse mehr angeboten, dafür halten die Händler lebende Hühner und frisch geschlachtete Ziegenstelzen zum Fenster herauf, wir bleiben bei unserem Wasser und Chips-Resten, die wir noch bei uns haben.

So reisen wir in Richtung Iringa, wo wir planen, eine Safari zu machen. Denn kein Afrika-Reisender kann behaupten Afrika bereist zu haben, ohne eine Safari gemacht zu haben.

Geld wegwerfen
IRINGA 18/2/12

Iringa kommt näher. Ich sitze im Bus, diesmal am Fensterplatz, und studiere meinen Reiseführer. Es gilt, eine gute Unterkunft zu finden und unsere Safari zu organisieren. Ich lese, dass es in Iringa keinen Geldautomaten gibt; was im ersten Moment, dank meines durch den gestrigen Machete-Kauf geschrumpften Budgets, schon einen Schock erzeugt. Aber nur im ersten Moment, denn in weiser Voraussicht habe ich einen Notgroschen – knappe €200 in Bar – mitgenommen. Und in noch weiserer Voraussicht – dank Panikmache im Reiseführer – habe ich diesen Notgroschen am ersten Tag versteckt; gut versteckt; sogar so gut versteckt, dass ich mich gar nicht mehr an das Versteck erinnern kann.

Ich beginne zu überlegen, wo ich dieses Geld wohl hingetan haben könnte. Ich weiß, dass ich es in der geheimen Tasche von meinem Notizbuch untergebracht hatte. Doch da ist es nicht mehr. Nein, da habe ich es rausgetan, als ich das Notizbuch mit in die Stadt nahm. Mir fällt ein, dass ich es für einen Tag in Dar es-Salaam unter der Matratze versteckt hatte. Aber dort habe ich es wieder hinausgenommen und in meinem Buch versteckt, das ich gerade lese. Auch hier finde ich nichts. Während ich so überlege, fällt mir das Versteck ein. Nachdem mein Geld sein Versteck so oft gewechselt hatte, von meinem Notizbuch hinaus unter die Matratze, unter der Matratze hervor in das andere Buch hinein, habe ich es schlussendlich in die Packung mit den Malaria-Tabletten getan; mit dem lustigen Gedanken, dass diese Packung mein Leben rettet, da sie mich jetzt sowohl vor Malaria als auch vor Armut schützt.

Im ersten Moment kehrt Ruhe ein, da ich weiß, wo mein Geld versteckt ist. Aber nur im ersten Moment. Denn im nächsten Augenblick fällt mich die grausame Wirklichkeit an. Vor zwei Tagen, als wir Moshi verlassen haben, habe ich meine letzte Malaria-Tablette genommen. Es waren nur noch zwei weitere Tabletten übrig. Darum habe ich, ganz der Minimalist, diese Tabletten aus der Packung genommen, in meiner Toilettentasche verstaut und die Verpackung weggeworfen – mit meinem Geld darin. Mir wird ganz anders. Ich habe zweihundert Euro – einfach so – in den Müll befördert; ohne mit der Wimper zu zucken. Wahrscheinlich findet niemand dieses Geld. Da es Papier in Papier ist, wird vermutlich die ganze Packung einfach wiederverwertet und Toilettenpapier daraus gemacht.

Ich ärgere mich. Philipp lacht. Dann lache ich auch. Und mir wird bewusst, wie gesegnet ich eigentlich bin, denn ich kann zweihundert Euro wegwerfen, ohne dass ich hungern oder Angst um mein Leben haben muss. Der einzige bittere Nachgeschmack, der bleibt, ist der Ärger über mich selbst und mein unbewusstes Handeln.

Angebot und Nachfrage

DAR ES-SALAAM 22/2/12

Halbkrank schleppe ich meinen Koffer zum Terminal der Fähre in Dar es-Salaam. Alle zwei Meter werden wir von jemandem angesprochen, der uns Tickets verkaufen will, obwohl wir schon Tickets haben.

Während wir auf die Fähre warten, beobachte ich das Treiben und merke, dass der Geschäftssinn der Leute hier anders tickt. Man sieht selten einen einzelnen Verkäufer Bananen oder Wasser verkaufen. Stattdessen stehen gleich zehn Verkäufer am selben Platz, mit demselben Produkt im Angebot. Nähert man sich den Verkäufern, fangen sie sofort an laut zu rufen: »1 Banane 100 Shilling, guter Preis!« Wenn ich aber auf einen Verkäufer zugehe, der mir sympathischer ist, da er nicht schreit, sondern ruhig in der Ecke steht, verlangt dieser 200 Shilling für eine Banane – den doppelten Preis. Die anderen Verkäufer stehen in einer Traube um ihn herum und bekräftigen lauthals den günstigen Preis. Wenn man sich dann einen der Schreienden wendet, der ein besseres Angebot gemacht hatte, möchte dieser und die anderen schreienden Händler plötzlich 300 Shilling für eine Banane. Konkurrenzkampf scheint hier anders abzulaufen. Auch Angebot und Nachfrage wird hier anders als in Europa verstanden. Wenn ich eine Flasche Wasser gekauft habe, kommen sogleich 10 weitere Händler und wollen mir Wasser verkaufen. Sie verstehen aber nicht, warum ich jetzt keines kaufen möchte, da ich doch eben gerade gezeigt habe, dass ich Wassertrinker bin. Analog dazu verkaufen sie Essen an die, die gerade essen; Uhren an die, die Armbanduhren tragen; und Schildkappen an Leute die Hüte tragen. Dabei versteht keiner warum man als Mzungu nicht kauft, obwohl man könnte.

Wenn man jemandem Geld schenkt, schaut er einem an und verlangt: »Mehr!«, anstatt Danke zu sagen. Dann holt er alle seine Freunde damit auch sie einen anbetteln können. Und diese verstehen wieder nicht, warum man ihnen nicht auch etwas schenkt, denn man hat ja gerade Geld an ihren Freund gegeben.

Unsere Logik spielt hier nicht mehr mit. Als Mzungu kommt man nicht darum früher oder später dieses Handeln einfach zu ignorieren. Da verstehe ich die Gerüchte, dass die Weißen als kalt und unsympathisch gesehen werden.

Abzocke

Erschöpft und krank komme ich auf Sansibar an. Philipp und ich kämpfen uns durch die Meute zum Dalla-Dalla-Stand durch. Dort finden wir auch noch den richtigen Minibus. Er gleicht eher einem Tierwagen als einem Dalla-Dalla vom Festland. Unser Minibus ist ein überdachter Pick-Up in der Größe eines WV T1. Auf kleinen Bänken an der Ladefläche haben 26 Menschen Platz und am Dach wird noch alles Mögliche und Unmögliche verstaut.

Bei der zweiten Station steigt jemand zu uns auf die Ladefläche und sagt, dass wir das Gepäck am Dach verstauen müssen. Er nimmt meine Tasche, hievt sie hoch und bindet sie fest. Dann fragt er, wohin wir müssen, und verlangt 15.000 Shilling als Fahrtpreis. Wir, misstrauisch, wie wir inzwischen werden mussten, wissen, dass der Preis pro Person maximal 3.000 Shilling kosten kann. Da sagt er was von Gepäck und geht auf 10.000 Shilling runter. Ich, mehr tot als lebendig, hab keine Lust weiter zu streiten, gebe ihm 5.000 Shilling und sage, dass er den Rest bei Ankunft bekommen wird. Darauf antwortet er, ich müsse ihm das ganze Geld jetzt geben, denn sie müssen zuerst tanken. OK. Wir geben das Diskutieren auf und ihm das Geld.

Der Typ steigt aus, geht zwei Meter zum nächsten Betelnuss-Verkäufer, kauft sich um 10.000 Shilling die roten Splitter, stopft sich alle gleichzeitig in den Mund und zieht seines Weges.

Der richtige Busbegleiter steigt ein und kassiert nochmals 5.000 von uns...

Gut, dass meine Machete im Koffer war, sonst hätte der Betelnuss-Verkäufer einen Kunden weniger und dafür ich große Probleme gehabt.

So eine dreiste Aktion habe ich noch nie erlebt. Aber es erinnert mich wieder daran, dass es nicht wichtig ist, was man ist, sondern nur, wie man erscheint. Und, dass dieser Mann als Verkäufer »erschien« hat ihm Betelnüsse auf unsere Kosten eingebracht.

Autofahren auf Bali

Nyoman, der Vermieter des Leihwagens, macht mit mir eine Runde durch die Stadt, um zu sehen, wie gut ich fahren kann. Dabei erklärt er mir die Grundregel, um den Verkehr auf Bali zu überstehen: »Muss immer hupen!« Man betätigt die Hupe, wenn man links abbiegt. Man betätigt die Hupe, wenn man rechts abbiegt. Man betätigt die Hupe, wenn man geradeaus fährt. Man hupt praktisch immer. Danach lässt er mich die Papiere unterschreiben und zieht seines Weges.

Da sitze ich nun, in meinem riesigen SUV-Leihwagen, um mich herum wimmeln hupende Fahrzeuge und ich konzentriere mich wie ein Fahrschüler der ersten Stunde auf die Pedale und den Verkehr, der auf Bali der pure Wahnsinn ist. Man kann sich das Verkehrschaos so vorstellen: Der Verkehr in Rom mit dem von Istanbul multipliziert – und dann noch die Seiten vertauscht. Jeder, der einmal in einer der beiden Städte war, weiß was das bedeutet.

So weit das Auge reicht, sieht man Autos und Roller fahren und stehen. Angeblich sollte man auf Bali links fahren. Doch man fährt und überholt einfach wo Platz ist: links, rechts und durch die Mitte.

Nachdem ich heil aus der Stadt hinausgefahren bin,

habe ich mich langsam an das Fahren auf der linken Seite gewöhnt. Aber das jahrelang antrainierte Gefühl ist und bleibt rechts. Das merkt man daran, dass man immer an der linken Seite streift.

Vor mir fährt ein Bus. Der Bus bleibt stehen, ich will überholen. Das linke Seitengefühl fehlt, es kracht.

Als braver Autofahrer bleibe ich natürlich auch stehen. Ehe ich mich besinnen kann, kommt schon der schreiende Busfahrer angerannt und will 1.000.000 Rupiah, das sind knappe €80, von mir. Seine Stoßstange und der rechte hintere Kotflügel sind beschädigt. In Europa wäre ich über den gnädigen Vorschlag von €80 als Wiedergutmachung sehr erfreut. Aber das Gefühl trifft mich, dass ich hier übers Ohr gehauen werden sollte. Ich versuche trotz schlagendem Herz und erhöhtem Adrenalin-Spiegel so gelassen wir möglich zu sein. Ganz entsetzt sage ich, dass das viel zu viel sei und schlage als Verhandlungsbasis erst einmal die Hälfte vor. Schneller als ich denken kann, nimmt der Busfahrer freudig mein Angebot an und verschwindet mit dem Geld in der Hand wieder im Bus. Über beide Ohren strahlend ruft er mir beim Vorbeifahren noch zu »Vielen, vielen Dank!« Hätte ich ihm doch nur 100.000 Rupiah geboten, denke ich mir.

Ich steige aus und begutachte den Schaden. Die ganze linke Seite ist zerkratzt. Der Spiegel hängt hinunter. Mit dem Leukoplast aus meinem Verbandskasten klebe ich den Spiegel wieder an. Jetzt wird wohl der Selbstbehalt der Vollkaskoversicherung fällig…

Während ich weiterfahre, fällt mir auf, in welch gutem Zustand die Straßen hier sind. Der Belag ist einwandfrei, die Beschilderung eindeutig. Nur der Platz ist problematisch. Die Straßen sind gefühlte zwei Meter breit. Das wird bei gefühlten drei Metern Autobreite sehr knapp. So kommt es, dass man mit zwei Rädern immer am letzten Rand der Straße oder am Anfang des Straßengrabens fährt. Glücklicherweise gibt es keine Tunnels auf Bali, denn hier würde es eng werden. Dass es keine Tunnel gibt, kommt von einer interessanten Einsicht der lokalen Priesterklasse. Als man anfing moderne Straßen zu bauen, haben die Priester folgende Schlussfolgerung gezogen: Die Götter haben die Menschen bei der Erschaffung auf die Erdoberfläche gesetzt und nicht unter die Erde. Daher sei es unnatürlich unter der Erde zu leben, oder auch nur zu fahren. So kommt es, dass sich die Straßen ewig hin und her, rauf und runter schlängeln, um sich der Natur anzupassen. Ganz anders als bei uns, wo man die Natur an die Straßen anzupassen versucht.

Da es keine Tunnels gibt, genieße ich die Andersartigkeit der Natur und der Leute bei meiner Fahrt in den Norden, soweit man noch von Genuss reden kann, wenn einem noch der Unfall und die Wiedergutmachungssumme im Magen liegen.

Der Tempelberg
PURA LEMPUYANG 2/9/12

Pura Lempuyang ist kein normaler Tempel, den man einfach mal so besuchen fährt. Dieser Tempel liegt auf dem Gipfel eines Berges, zu dem ein 1.700-stufiger Treppenpfad führt. Nimmt man es genau, so sind es nicht ein Tempel, sondern sieben. Der erste Tempel befindet sich am Einstieg der 1.700 Stufen, der Siebte am Ende der Stufen und zugleich am Gipfel des Berges.

Ekkard, mein Gastgeber, klärt mich auf, dass es zwei Wege gibt, um zum Einstieg der 1.700 Stufen zu kommen. Man kann mit dem Auto direkt hinfahren, das wäre die einfache Variante. Oder man wählt die interessantere Variante, die er mir wie folgt erklärt: »Du fährst bis zum Ende des Tales, parkst dort dein Auto unter dem großen Baum und gehst einfach auf den Berggrad zu, dahinter ist irgendwo der Tempel. Habe Mut und vertraue auf den großen Geist! Du wirst zwar ein paar erstaunte Blicke ernten. Aber dafür wirst du einzigartige Erlebnisse haben und durch richtige balinesische Dörfer kommen.« Vertraue auf den großen Geist? Marschiere ins Unbekannte? Ich muss nicht lange überlegen, welche Variante ich wählen soll.

Ein paar Minuten später sitze ich in meinem Wagen. Mit dem Auto geht es in das kleine, enge Tal hinein. Die Straße verläuft direkt an der Bergseite entlang. Der Talboden wird von Reisterrassen bedeckt, die in solch prächtigen und unterschiedlichen Grüntönen hervorleuchten, dass mir die Worte fehlen, um sie angemessen zu beschreiben. Ich fahre durch ein paar kleine Dörfer hindurch, sehe Reisbauern, junge Männer auf Motorrädern, Frauen beim Wäschewaschen und alte Männer die im Schatten von großen Bäumen sitzen und mich beäugen.

Nach einiger Zeit komme ich zu dem von Ekkard vorgeschlagenen Parkplatz unter dem großen Baum, doch die Straße geht noch weiter. Warum sollte ich dann schon hier parken? Besser dem Weg noch weiter entlangfahren und dafür weniger weit marschieren.

Nach ein paar Metern verstehe ich jedoch, warum ich unter dem großen Baum parken hätte sollen. Die Steigung nimmt zu, die Straße wird schmäler und es verändert sich auch langsam der Straßenbelag. Jetzt würde ich mir wünschen auf rumänischen Straßen zu fahren und jeder, der schon einmal durch Rumänien gefahren ist, weiß was das bedeutet. Die drei Faktoren – Steigung, Schmäle, Belag – verschlimmern sich zunehmend. Ein Umdrehen ist jetzt nicht mehr möglich. Es geht nur noch weiter, in der Hoffnung irgendwo einen Wendeplatz zu finden.

Dann passiert es. Mitten in einer schlimmen Steigung bleibt das Auto hängen. Es geht nicht mehr weiter, keinen Zentimeter. Die Räder gehen durch. Ein Rückwärts fahren ist unmöglich. Ein steiniger Serpentinenpfad mit einer Breite von zwei Metern liegt hinter mir, der schon vorwärts schwer zu meistern war.

Ich steige aus und begutachte die Lage. Die Straße gleicht der in Marmorsteinbruch von Carrara: Staub, Sand und Steine mit einem Durchmesser bis zu 20cm. Dazu kommen noch die immense Steigung und ein Schlagloch mit 30cm Tiefe. Die Straße hier verwenden nur Fußgänger.

Während ich ratlos und schwitzend in der Sonne stehe, kommen schon ein paar Balinesen dahergelaufen. Sie sprechen kein Wort Englisch, aber sie wollen mir irgendwie helfen. Aber auch das Schieben bringt nichts. Darum gehen sie wieder ihres Weges und lassen mich mit dem Auto zurück. Ich starte einen neuen Versuch, indem ich den Wagen ein paar Meter zurückrollen lasse und dann mit einem Rad auf der Böschung und mit dem anderen am Rand des Schlagloches mit Vollgas nach oben fahre. Irgendwie klappt es. Hier, im Nirgendwo, wo niemand mit einem Auto hinfährt, merke ich, wie einem nur noch der »große Geist« helfen kann. In Europa hat man sein Mobiltelefon bei sich und weiß, dass man jederzeit den Pannendienst rufen kann, der einem das Auto wieder mobil macht. Doch hier wird mir so richtig bewusst, dass diese Sicherheit nur eine Illusion ist und man schlussendlich doch auf sich selbst gestellt ist.

Die Straße wird nicht besser. Ich fahre weiter und es kommt ein Haus mit einer kleinen Einfahrt in Sicht. In dieser Einfahrt könnte ich das Auto wenden, denke ich mir. Ich bleibe vor dem Haus stehen, steige aus und frage den Besitzer, ob ich hier Wenden darf. Doch er versteht mich nicht. Er nimmt nur einen Stein in seine Hand, kniet nieder, schreibt damit etwas auf den Boden, gestikuliert herum und lächelt dabei freundlich. Auch wenn er freundlich lächelt, hilft mir das nicht wirklich weiter, denn er räumt mir die Einfahrt nicht frei. Ich brauche einen anderen Plan. Vielleicht wird die Straße ja bald besser, denke ich mir. Ich lasse das Auto auf dieser nicht befahrenen Straße stehen und marschiere los um zu sehen, ob die Straße weiter oben eine Wendemöglichkeit bietet.

Der freundliche Balinese kommt mit und redet und gestikuliert dabei immer weiter. Ich lächle zurück und sage ein paar Mal »Lempuyang«, begleitet von einer Geste auf den Berg, wo der Tempel sein sollte.

Nach guten hundert Metern kommt tatsächlich eine Kreuzung, wo ich wenden und parken kann. Das könnte meine Rettung und die des Leihwagens sein. Beim Zurückgehen räume ich die gröbsten Steine aus der Fahrbahn. Der freundliche Balinese sieht das, und macht es mir nach. Allerdings legt er die Steine nicht zum Rand, so wie ich es mache, sondern wirft sie einfach voller Schwung über den Abhang. Unten stehen Häuser, doch das kümmert ihn nicht. Er lächelt einfach weiter. Als ich weiterfahre, winkt er mir freundlich nach. Bali ist anders.

Ich parke das Auto an der Kreuzung und gehe zu Fuß auf der steinigen Straße weiter, die mich quer durch ein paar Dörfer führt. Ekkard hatte Recht. Ich würde wirklich ein anderes Bali erleben. Kleine Häuser sind in die Hänge gebaut. Phantasievolle Elektroleitungen bringen den Strom dorthin. Hühner laufen frei herum. Alle paar Meter sieht man einen Altar und Opfergaben. Die Leute bauen an ihren Häusern herum. Sie stehen auf steilen Hängen am Feld oder sitzen vor den Türen. Jeder lächelt und winkt. Ein kleiner Junge kommt mir entgegen, der eine Ladung Gras auf dem Kopf trägt. Der Grasballen lässt ihn fast verschwinden. Ein Vater, der ein wenig Englisch kann, möchte sich gleich als Heiratsvermittler betätigen und ruft mir auf Englisch zu: »Ich habe eine schöne Tochter. Komm, schau!« Ich winke dankend ab und spaziere weiter.

Es gibt keine Karte aber viele Abzweigungen. Ich entwickle eine Strategie, um zum Ziel zu kommen. Bei jeder Abzweigung warte ich, bis jemand kommt und sage »Lempuyang« und deute schulterzuckend nach links und rechts um zu sehen, wie sie reagieren. Nach ein paar Stunden komme ich auf diese Art wirklich zum Tempeleingang.

Will man in eine Kirche, muss man seinen Hut abnehmen. Will man in eine Synagoge, muss man einen Hut aufsetzen. Will man in eine Mosche, muss man seine Schuhe ausziehen. Und will man in einen Hindu-Tempel – ja, dann muss man sich einen Wickelrock – den Sarong – umbinden, den man gegen ein kleines Entgelt mieten kann und umgebunden bekommt. Passend bekleidet mache ich mich auf den Weg die 1.700 Stufen zu erklimmen.

Ich betrete den ersten Tempel am Fuße der Stufen. Es findet gerade eine Zeremonie statt. Räucherstäbchen sind angezündet. Ein Singsang ertönt. Die steinernen Statuen sind mit bunten Bändern und Fähnchen geschmückt. Überall wimmelt es von Menschen in weißer Kleidung. Priester sitzen vor dem Altar und bringen kleine Gaben dar. Menschen sitzen am Boden und beten. Neugierig beobachte ich, was die gläubigen Menschen machen, als mich eine Balinesin auf Englisch anspricht und mir die Bedeutung der Zeremonie erklärt. Ich habe nichts von ihrer Erklärung verstanden, doch ich lächle freundlich. Da bedeutet sie mir ganz energisch, dass ich mich schleunigst auf den Boden setzten soll. Kaum setze ich mich nieder, kommt schon ein Priester vorbei. Mit einem Büschel in seiner Hand spritzt er Weihwasser auf mich, während er etwas Unverständliches murmelt. Dann leert er mir das Wasser aus der Schale in meine Hände und sagt mit ernster Miene: »Trink!« Ich trinke nicht.

Wie kann ich nur das geweihte Wasser verschmähen, spricht es aus seinen Augen. Doch die europäische Angst vor Krankheiten ist für mich Grund genug es nicht zu trinken. Für ihn jedoch nicht. »Trink!«, sagt er nochmals mit gebieterischer Stimme und sieht mich dabei ernst an. Da führe ich die Hände zum Mund, und gieße das Wasser unauffällig in mein Hemd hinein. Er füllt meine Hände nochmals nach und stapft dann befriedigt zum Nächsten weiter.

Ich begleite die Balinesin – eine Englischlehrerin, wie sich herausstellt – und ihre Familie bis zum nächsten Tempel. Dort scheint für die Balinesen nicht der Tempel die Hauptattraktion zu sein, sondern ich. Denn plötzlich möchten sie ein Foto mit mir machen. Ehe ich mich versehe, setzt sich der alte Großvater neben mich hin und lächelt zahnlos. Sein Enkelkind wird mir auf den Schoß gesetzt. Und die Smartphones beginnen zu glühen, so viele Fotos werden geknipst.

Nach dem Fototermin verlasse ich die Familie und mache mich auf den Weg zum 7. Tempel, indem ich beginne, die 1.700 Stufen zu bezwingen. Jede dieser Steinstufen hat eine andere Höhe und wurde vor ewigen Zeiten – so scheint es – in den Berg gemeißelt. Stufe für Stufe kämpfe ich mich durch den Dschungel nach oben. Die tropische Hitze tut ihr Übriges. Mein Kopf rebelliert. Er will mir einreden, dass ich auch hier auf halber Höhe ein Foto machen kann und gefälligst wieder umdrehen soll. Doch ich will auf den Gipfel. Immer wieder reden Balinesen mit mir, sichtlich erstaunt einen Touristen hier zu sehen. Alle paar hundert Stufen gibt es einen kleinen Stand, wo Händler Wasser, Suppe oder Kartoffelchips verkaufen. Als die Händler und die Stände dichter werden und fast nichts mehr vom Weg übrig lassen, merkt man, dass man sich dem Gipfel nähert.

Aber die Mühe hat sich eindeutig gelohnt. Die Aussicht vom Gipfel ist umwerfend. Ich kann sogar mein Auto als kleinen Punkt in der Ferne schimmern sehen; zumindest bilde ich mir das ein. Da ich oben bin, kann ich mich jetzt gemütlich in den Schatten des Tempels setzen und meine mitgebrachten Bananen verspeisen – denke ich mir. Denn andauernd wollen Leute Fotos mit mir machen. Anscheinend bin ich hier als einziger Weißer die wirkliche Touristenaktion.

Trotz der vielen Fotos kann ich mein Mittagessen doch irgendwie beenden und beginne wieder mit dem langen Weg nach unten. Nach ein paar Metern bin ich mit zwei jungen Balinesen ins Gespräch vertieft. Da schleicht sich ein Affe an die Tasche meines Gesprächspartners heran. Blitzschnell zieht er ihm den Essensbeutel aus der Tasche heraus. Als der Balinese dem Affen die Tasche wieder nehmen möchte, faucht dieser ihn böse an. Der Balinese dreht sich nach einem Holzstecken um, doch das schreckt den

Affen nicht. Anstatt wegzulaufen, zieht der Affe fest mit beiden Händen an seinem Sarong. Ein kurioses Bild. Nach langem hin und her nimmt der Besitzer die Tasche – und der Affe das Essen.

Ich marschiere den langen Weg zurück zu meinem Auto, fahre ins Hotel und ziehe endlich die Stiefel aus. Was für eine Wohltat. Seit einigen Stunden schmerzen mir schon die Füße. Ein Blick auf die wunden Fersen sagt mir, dass ich die nächsten Tage nur noch Flip-Flops tragen werde. Ich glaube in Österreich könnte man dafür sogar in den Krankenstand gehen.

Die Tänzerin

AMED 2/9/12

Hungrig von meiner Tempelwanderung pilgere ich zu meinem Stammlokal. Es ist mein Stammlokal, weil es den Ruf hat die Gäste nicht krank zu machen, was nicht für alle Restaurants hier gilt. Und ich pilgere, weil nun Sandalen meine wunden Füße zieren.

Vor dem Lokal steht ein Schild mit der Aufschrift: »Heute balinesischer Tanz.« Interessiert, was mich hier erwarten könnte, trete ich ein. Im Gegensatz zu den anderen Abenden, sitzen ein paar Musiker im Restaurant und machen auf balinesischen Perkussionsinstrumenten die klassische Glocken- und Trommelmusik. Dazu tanzt ein junges Mädchen, das in Glitzergewand und goldenem Kopfschmuck gekleidet ist, mit rhythmischen Kopfdrehungen und Händekreisen.

Ich sehe ein paar Minuten zu, doch dann vertiefe ich mich wieder in meine Reiseplanung, da ich in ein paar Tagen weiterreise. Konzentriert lese ich und denke nach, während ich mir immer wieder Notizen mache.

Plötzlich steht die Tänzerin vor mir, sagt: »Tanz mit mir!«, und hält mir ihre offene Hand hin. Gedanklich mitten beim Planen der weiteren Reise, greife ich einfach in meine Tasche, ziehe einen Geldschein heraus und lege ihn ihr in die Hand. Das Gesicht der armen Tänzerin erschreckt mich. Sie ist verwirrt. Ich bin verwirrt. Da sagt sie nochmals: »Nein! Tanz mit mir!« So bleibt mir nichts anderes übrig, als aufzustehen und mit ihr zu tanzen, was sehr zur Belustigung der Musikanten und der anderen Gäste beiträgt. Als ich mich wieder auf dem Weg zu meinen Büchern und meinem Tisch begebe, muss ich selber lachen. Die meisten Balinesen wollten bis jetzt Geld von mir. Automatisch habe ich dasselbe von der jungen Tänzerin gedacht und ganz unbewusst habe ich nicht einmal gehört, was sie zu mir gesagt hat.

Batterieprobleme

Beladen mit meinen Schwimmsachen gehe ich nach dem Frühstuck zu meinem Auto. Das Ziel ist ein kleiner, abgelegener Strand, der wunderschön sein sollt. Ich versuche das Auto aufzusperren, doch die Funkfernbedienung will nicht funktionieren. Wahrscheinlich ist diese kleine Batterie in der Fernbedienung leer, denke ich mir. Während ich zur Fahrertüre gehe, sehe ich, dass der Lichtschalter auf »Ein« steht, das Licht aber aus ist. Da wird mir klar, dass die Batterie leer ist. Allerdings ist es die des Autos und nicht die in der Fernbedienung. Wie um alles in der Welt, sollte ich jetzt das Auto starten? Als ich gestern auf der steilen Piste das verhängte Auto wieder fahrbar machen musste, wurde mir schon der Umstand bewusst, dass es hier auf Bali keine Pannenhilfe wie in Österreich gibt. Es bleibt mir also nichts anderes übrig, als ein Auto zu stoppen und um Starthilfe zu bitten.

Auf mein Winken hin bleibt das nächste Auto stehen. Ich erkläre dem Fahrer das Problem. Leider hat er kein Starterkabel, dafür aber eine Idee. Ein paar Minuten später kommt er mit zwei Kollegen zurück, die das Auto anschieben wollen – gegen eine kleine Servicegebühr. Ich bin einverstanden. Die drei Balinesen schieben das Auto mühsam auf die Straße. Einer der unglücklichen Drei setzt sich an das Steuer, der Zweite schiebt und der Dritte – der Autofahrer, den ich aufhielt – steht daneben und kommandiert die anderen. So wird das Auto den Hügel runtergerollt. Der Mann am Steuer versäumt es jedoch den richtigen Gang einzulegen und so kommt das Auto am Ende des Hügels, ohne es gestartet zu haben, zum Stehen. Die drei lustigen Gesellen entschuldigen sich, dass es nicht geklappt hat. Trotzdem verlangen sie die Servicegebühr, denn sie haben nur gesagt, dass sie das Auto zu starten »versuchen«.

Während ich mit den drei Helfern diskutiere, steigt die Zahl der Männer auf Zehn an. Gemeinsam diskutieren sie und bringen ihre Vorschläge ein, wie man das Auto starten könne. Ich verstehe kein Wort. Plötzlich kommt die Idee auf, dass mich einer in die nächste Stadt fahren könne und ich dort eine Batterie kaufen soll. Die anderen Neun stimmen begeistert zu. Ich erkläre ihnen aber, dass ich keine neue Batterie, sondern nur ein Starterkabel benötige. Ein Mann erklärt mir, dass sie so etwas hier nicht haben. Ich will es nicht glauben, dass niemand im ganzen Dorf so ein Starterkabel hat. Doch der Mann weist mit einer Geste auf die Motorräder hin, die herumstehen. Da fällt mir erstmals auf, dass ich der einzige weit und breit mit einem Auto bin. Die Männer diskutieren weiter. Dann kommt endlich ein vernünftiger Vorschlag: Wir könnten den Mechaniker holen. Er dürfte der Mann im Dorf sein, der am ehesten das Auto starten könnte, außerdem soll er selber ein Auto haben. Ich verriegle mein Auto und einer der Umstehenden nimmt mich auf seinem Motorrad mit zum Mechaniker, natürlich nur gegen eine kleine Servicegebühr.

Der Mechaniker, ein stämmiger, behäbiger Mann mit einer Tätowierung auf dem Oberarm, lässt sich durch uns nicht von seiner Arbeit ablenken, die darin besteht, alte Motorräder wieder auszubeulen. Der Mann, der mich auf dem Motorrad hergebracht hat, erklärt dem Mechaniker, um was es geht. Nachdem mein Chauffeur einige Minuten auf den Mechaniker eingeredet hat, erklärt sich dieser durch ein wortloses Nicken dann doch dazu bereit, mein Auto zu starten. Der Preis wird verhandelt und es kann losgehen.

Mit dem Moped geht es wieder zurück. Der Mechaniker folgt uns mit seinem Jeep, das einzige weitere Auto im Dorf. Aber auch er hat kein Starterkabel dabei. Verwundert sehe ich ihm zu, wie er die Motorhaube beider Autos öffnet und einfach die Batterie aus meinem Auto aus, und die von seinem einbaut. Wortlos startet er den Motor und baut bei laufendem Motor seine Batterie aus und meine wieder ein. Eine unkonventionelle Art ein Auto zu starten, aber sie funktioniert. Ich gebe ihm das Geld, das er ohne ein Wort zu sagen entgegennimmt.

Nun stehe ich da mit einem laufenden Motor und einer leeren Batterie, die durch eine längere Fahrt geladen werden sollte. Ich fahre los und komme bei der Werkstatt des Mechanikers vorbei, wo dieser inzwischen wortlos wieder an den Motorrädern herumschraubt. Und ich frage mich, wie viele Wörter dieser schweigsame Mann wohl in einem Tag von sich gibt.

Das Relief des Radfahrers
KUBUTEMBAHAN 4/9/12

Ich folge der schlangenförmigen Küstenstraße in den Norden von Bali. Ich habe von einem sehenswerten Tempel in Kubutembahan gehört. Nach langem Suchen, umständlichen Fragen und einigen Kilometern Autofahrt komme ich beim Tempel an.

Im Schatten eines Pavillons ruht das Tempelpersonal, das hier aus einer Gruppe von Kindern besteht. Ein kleines Mädchen, nicht älter als acht Jahre, bindet mir den Sarong und die Schleife um. Ein noch kleineres Mädchen, um die drei oder vier Jahre, schenkt mir eine Plumera-Blüte. Damit bin ich gerüstet für die Tempeltour, die von einem jungen Balinesen, der vielleicht zehn Jahre erreicht hat, geführt wird. Die anderen Kinder begleiten ihn.

Der kleine Fremdenführer führt mich von Relief zu Relief und von Statue zu Statue. Bei jedem Stopp sprechen die Kinder in einem Chor die auswendig gelernte englische Erklärung.

Die meisten Bilder sind Hindu-Gottheiten, wie man es auch in einem Hindutempel erwarten würde. Aber ein Relief war besonders. Es stellt einen Radfahrer dar. Ja, Richtig! Einen Radfahrer, in einem alten Tempel. Wie geht das? 1904 hat ein Holländer als erster sein Fahrrad mit nach Bali genommen. Das hat die Einwohner so beeindruckt, dass dieser gleich in Stein verewigt werden musste, und da man gerade einen Tempel baute, war es der passende Ort dafür. Ich bin erstaunt, wie jung der Tempel ist. Von der Besichtigung her hätte ich ihm einige hundert Jahre mehr gegeben.

Am Ende der Tour hält mir der kleine Fremdenführer seine offene Hand hin und wartet auf eine Geldspende. Auch er ist mit seinen zehn Jahren schon in der bitteren Realität angekommen.

Die Palmblatt-Bibliothek
SINGARAJA 4/9/12

Ich komme in Singaraja an. Singaraja ist die zweitgrößte Stadt auf Bali, doch es gibt hier nicht wirklich viel zu sehen. In einem alten Hafen findet man noch ein paar Warungs – die kleinen balinesischen Restaurants – auf Pfahlbauten, in denen es sich super speisen und die Aussicht genießen lässt. Auch ein bunter chinesischer Tempel findet sich daneben. Doch mich lockt nur eine Adresse, die von wenigen Touristen aufgesucht wird: die Bibliothek mit den Palmblatt-Manuskripten.

In alter Zeit haben die Balinesen Palmblätter als Schreibmaterial verwendet um ihre religiösen, mystischen und historischen Texte zu festzuhalten. Dazu wurden auf den getrockneten Blättern der Palmen die Texte und Bilder mit einem Messer eingeritzt und mit Kohle geschwärzt.

Ich parke das Auto und betrete die Bibliothek. Eine Aufsichtsdame begrüßt mich und gibt mir ganz professionell eine Führung. Sie erklärt, dass nur die wenigsten Manuskripte übersetzt sind – und diese auch nur auf Indonesisch. So etwas regt die Träume eines jeden Bibliophilen an. Welche Textschätze mögen hier noch verborgen schlummern?

Dann zieht die Aufsichtsdame ein 400 Jahre altes Palmblattbuch aus dem Regal und drückt es mir einfach in die Hand, damit ich es genauer ansehen kann. Ich muss lachen und an die hermetisch abgeriegelten Leseräume an unserer Universitätsbibliothek denken, wo man nur mit weißen Handschuhen und einer Spachtel die Seiten alter Bücher umblättern darf und dabei noch strengstens überwacht wird.

Während ich das Buch bestaune, bietet sie mir ein paar Seiten zum Kauf an – und das um ganze €25. Ich kann es fast nicht glauben. Ein paar Minuten später marschiere ich aus der Bibliothek hinaus, mit einer 400 Jahre alten Palmblattseite unter den Arm, die zum Schutz in Zeitungspapier gewickelt wurde.

Zootour

Lovina hat als Wahrzeichen einen Delphin und das nicht ohne Grund. Jeden Morgen fahren unzählige Boote, gefüllt mit Touristen, auf das Meer hinaus, um Fotojagd auf die Delphine zu machen.

Es gibt jedoch noch eine andere, tierfreundlichere Möglichkeit um hinter die Delphine zu kommen: Das Melka Excelsior Hotel. Dieses Hotel hat drei Salzwasser Becken und bietet an, dass man dort mit den Delphinen schwimmen kann. Diese Möglichkeit sagt mir mehr zu. Ich fahre zum Hotel und arrangiere das Delphinschwimmen. Die Dame gibt mir das Ticket und empfiehlt mir, in der Zwischenzeit den hoteleigenen Zoo anzuschauen. Das klingt nach einem guten Zeitvertreib.

Gleich am Eingang läuft mir Nyoman über den Weg, ein zahnloser alter Mann in seinen Siebzigern, der sich um die Tiere kümmert. Lächelnd schleppt er mich von Gehege zu Gehege, klopft an die Gitter, wirft Essen hinein und freut sich über jedes Tier, dass er sieht. Am meisten beeindruckt ihn ein Reh, das sie aus Europa importieren konnten; gerade das Tier, das mich am wenigsten beeindruckt, denn in diesem Zoo gibt es Tiere, die ich nicht einmal beim Namen nennen kann. Es gibt kleine affenartige Tiere, die Blüten fressen; diverse echsenartige Kriechtiere; kleine Hunde, die aus dem Stand einen Meter in die Höhe springen können; und unzählige Vögel und andere Flugtiere.

Doch am meisten berührt mich ein kleines Huhn, in einem Schlangenterrarium. Es dient der Schlange als Fressen. Die Schlange schläft gemütlich zusammengerollt in einer Ecke. Sie weiß, dass ihr Essen nicht entkommen kann. Auf der anderen Seite des Terrariums steht das kleine Hühnchen und zittert, wissend, was auf es zukommen wird.

Ebenfalls zitternd, aber nichtwissend, was auf mich zukommt, gehe ich zu meinem verabredeten Schwimmen mit den beiden Delphinen, die Rocky und Rambo genannt werden. Nicht gerade beruhigende Namen.

Bob

JIMBARAN 9/9/12

Das Haus im Süden von Bali, in dem Patric und ich untergekommen sind, hat nicht nur einen Swimmingpool, sondern auch einen Mann für alles – Bob. Das erste Mal haben wir ihn am Flughafen gesehen: ein hagerer Kerl, groß mit langen schwarzen Haaren und einer Lederweste auf der Harley Davidson geschrieben steht. Er ist ein ganz schüchterner, ruhiger Mensch, der für unser Haus verantwortlich ist und auch als Fahrer dient. Bob fährt uns überall mit unserem Auto hin. Er freut sich wie ein kleines Kind mit so einem neuen Toyota fahren zu dürfen, auch wenn der Spiegel herunterhängt und die Seite zerkratzt ist.

Heute bringt er uns in ein bekanntes Fischrestaurant nach Jimbaran. Bob fährt uns direkt in die Halle des Restaurants hinein. Wir steigen aus, werden sofort ganz höflich empfangen und zu einem Tisch am Sandstrand geführt. Dort wird uns sogleich ein Begrüßungsgetränk serviert. Anschließend suchen wir uns aus den Wassertanks die Tiere aus, die wir essen möchten und bekommen sie später gegrillt und garniert serviert. Natürlich wird man wieder schön zu seinem Platz zurückgeführt, damit man nicht sieht, wie aus dem Lebewesen Essen wird – das könnte ja die Atmosphäre ruinieren und den Appetit verderben.

Nach dem Mahl finden wir unseren Fahrer wieder, wie er vor dem Restaurant an der Straße sitzt. Er holt unser Auto und möchte uns noch zu einer Reggae-Party bringen, die uns sicher gefallen wird. Das Reggae-Konzert stellt sich jedoch als Surfer-Bar heraus. Das Publikum sieht auffällig ähnlich aus. Alle sind sonnengebräunt, haben lange Haare und Bart. Jedoch das Um und Auf ist die Kleidung: Flip-Flops; eine kurze Hose; ein ärmelloses Shirt, wobei der Ausschnitt und die Ärmellöcher bis zum Bauchnabel reichen; eine Schildkappe mit mir unbekannten Markennamen. Dazu hat jeder noch dasselbe Accessoire: eine Bierflasche, die in Bauchhöhe gehalten wird. Das wirklich lustige dabei ist, dass alle männlichen Wesen in dieser Bar gleich aussehen. Dazu legt jeder Einzelne noch so ein Alphatier-Gehabe an den Tag, dass er mit seiner Persönlichkeit alleine ganz Bali füllen könnte. Ich mit Hemd und Hose komme mir vor wie ein Europäer im 19. Jahrhundert in Afrika. Das ist eine andere Welt, aber nicht meine Welt.

Nachdem wir unser kleines Bier ausgetrunken haben, suchen wir Bob, damit er uns nach Hause fährt. Wir finden ihn im Garten des Nachbarhauses am Boden sitzen und mit seinem Handy spielen. Erstaunt, dass es uns hier nicht gefällt, willigt er dann doch ein uns nach Hause zu bringen. Wir bahnen unseren Weg durch die Menge zum Auto.

Er startet das Auto und es stirbt gleich wieder ab. Beim zweiten Versuch bringt er es dann doch zum Laufen. Wir tuckern durch die Nacht Richtung Haus, da fragt er mich, was ich getrunken habe. »Ein kleines Bier«, sage ich. Darauf antwortet er lachend: »Was? Nur? Ich habe fünf getrunken.« Ich sehe ihn ganz entgeistert an und frage verwundert, ob er da überhaupt noch Autofahren kann? Er erwidert, dass er sogar besser Auto fahren kann. Und übrigens sei er letztens auch nach fünf »Long Island Ice Tea« noch gefahren, der Cocktail, wo Cola so lange mit Schnaps verdünnt wird, bis es die Farbe von Eistee bekommt. Ich kann ihm das nicht ganz glauben, da ja fünf verschiedene hochprozentige Alkoholsorten in diesem Cocktail vermischt werden. Er überlegt, dass vielleicht in Bali der Cocktail nicht so stark sein könnte und sagt: »Hier auf Bali verwenden sie wahrscheinlich nur vier Sorten Schnaps.«

Ich beschließe den Fahrer nicht weiter abzulenken, sondern einfach nur zu hoffen, dass er uns heil nach Hause bringt.

Affen und Bananen

UBUD 14/9/12

»Sacred Monkey Forest«, so heißt ein Teil von Ubud: »Forest«, da es im Wald liegt; »Sacred«, weil es hier einen Tempel gibt; und »Monkey«, weil es von grauen Affen nur so wimmelt. Wir werden gewarnt, dass man diese Affen nicht füttern sollte, da sie so aggressiv sind.

Ich kaufe die Eintrittskarten, Patric kauft die Bananen als Affenfutter.

Wir zeigen die Eintrittskarten vor und treten durch das Tor ein. Patric versucht sofort das Bündel Bananen in seiner Tasche zu verstauen, doch es ist schon zu spät. Ein Affe hat bereits die gelbe Versuchung gesehen. Schreiend kommt das Tier auf Patric zugelaufen, springt ihn an, klettert an ihm hoch, reißt zwei Bananen von dem Bündel ab und verschwindet schnell wieder, wie es gekommen ist.

Nicht mit uns, denke ich mir. Ich gebe Patric meine Tasche, nehme eine Banane, locke damit den nächsten Affen an und laufe vor ihm her, während mir dieser schreiend nachläuft. Weit komme ich jedoch nicht, denn ein Wärter weist mich ruhig darauf hin, dass ich das nicht machen sollte, da mich sonst die Affen beißen werden. Verwundert sehe ich ihn an und gebe dem Affen die Banane. Darauf zeigt uns der

Wärter, wie man einen Affen dazu bringen kann, dass er sich einem auf die Schulter setzt. Dazu nimmt man eine Banane, und hält diese mit einer ausgestreckten Hand nach oben. Sobald das ein Affe sieht, klettert er am Körper hoch, nimmt die Banane aus der Hand und lässt sich gemütlich auf der Schulter nieder, um dort die Banane zu verzehren.

Pilz-Cocktail
GILI AIR 18/9/12

Ich schultere meinen Rucksack und springe ins knöcheltiefe warme Wasser und wate zum Strand. Patric schultert seine Koffer und macht es mir gleich. Wir stehen am Strand und sehen zu, wie das Schnellboot mit den betrunkenen Australiern wieder ablegt.

Gili Air ist die ausgeglichene Schwester der anderen beiden Gili Inseln. Sie ist weder eine Partyinsel wie Gili Trawangan, noch eine Insel nur für Hochzeitspaare wie Gili Meno. Wir hoffen, ein paar erholsame Inseltage vor uns zu haben.

Hier auf den Gilis sucht man drei Sachen vergeblich: Hunde, Autos und Polizei. Da es keine Hunde gibt, kann man sorgenfrei die Insel erkunden. Eine richtige Wohltat nach dem mit Tollwut verseuchten Bali, wo man von Straßenkötern ständig belagert wird. Da es keine Autos gibt, wurden die Taxis hier durch Pferdefuhrwerke ersetzt. Alle paar Meter, sieht man einen blau lackierten Einspänner mit einem Kutscher die Straße entlangfahren. Der fehlende Lärm ist eine Wohltat. Doch die Auswirkung der fehlenden Polizei wird uns erst später so richtig bewusst werden.

Wir spazieren die kleine Sandstraße neben dem Strand entlang. Das erste Lokal hat ein großes Schild mit der Speisekarte vor dem Eingang stehen. In der letzten Zeile steht vermerkt: »Kein Trinkgeld, keine Steuern, keine Probleme.« Hier gibt man offiziell an, dass man keine Steuern bezahlt.

Hinter dem Steuer sparenden Lokal, finden sich einige Strandkneipen. Bob Marley tönt aus den Lautsprechern und Indonesier mit Dreadlocks und Hawaiihemden übernehmen die Bedienung. Während wir vorbeigehen, rufen sie uns hinterher, dass wir bei ihnen Marihuana kaufen können.

Ein paar Meter weiter finden wir schließlich ein nettes Strandlokal. Wir machen es uns auf den im Schatten stehenden Liegen gemütlich und genießen Meer und unsere Lektüre. Die Kellnerin bringt uns die Speisekarte mit dem typischen Strandessen: Burger, Salate, Bier und Cola. Doch in der letzten Zeile ist etwas Exotisches vermerkt: »Magic-Mushroom-Cocktail«. Das klingt interessant.

Ein spezieller Koch wird ausgeschickt, um die Pilze zu sammeln (oder zu kaufen). Und ein paar Minuten später wird mir mein Cocktail präsentiert. Die braungrüne Brühe sieht eklig aus und sie schmeckt auch so. Ich leere den Cocktail in wenigen Zügen.

Zuerst verspüre ich nichts. Nach ein paar Minuten beginnen sich plötzlich die Farben zu verändern und die Sonne scheint unerträglich grell. Aber dieser Zustand legt sich wieder. Das Einzige was bleibt ist ein trockener Mund, der das Essen schwer macht. Als wir bezahlen und gehen, frage ich Patric, was eigentlich in der Kiste dort am Strand sei. Welche Kiste, meint er? Ich deute mit dem Finger zum Strand hin. »Da ist keine Kiste«, sagt Patric. Was ist mit ihm los? Diese dummen Scherze ziehen bei mir nicht. Also gehe ich zum Strand und zeige ihm die Kiste, die plötzlich verschwunden ist. Mysteriös. Also doch keine Kiste. Die Steine am Strand scheinen mich verwirrt zu haben.

Wir machen uns auf dem sandigen Weg zurück zu unserem Hotel. Doch diesmal ist die Sandstraße viel komplizierter zu meistern. Alle paar Meter schießen kleine Tiere aus dem Boden, die mich durch die Luft katapultieren. Ich suche sie, finde sie aber nicht. Sobald ich jedoch einen Schritt weiter mache, kommen sie wieder und lassen mich fast stolpern. Gut, dass die Sandstraße zu Ende ist und wir bei unserem Hotel angekommen sind. Ich setze mich auf die Veranda und lese in meinem Buch, genauer gesagt, versuche ich zu lesen, denn es hat sich eine extreme Weitsichtigkeit eingestellt, die die Buchstaben verschwimmen lassen. Egal wie sehr ich mich anstrenge, ich sehe keine Buchstaben, sondern nur schwarze Streifen in meinem Buch. Plötzlich ergreift mich die Angst. Was ist, wenn das Nebenwirkungen sind, die bleiben? Was ist, wenn ich wirklich nicht mehr ohne Brille lesen kann, wegen eines Cocktails? Die Angst ergreift mich. Nicht mehr lesen zu können, das ist der schlimmste Horrortrip für mich. Genug von diesem

Teufelszeug. Nie mehr wieder werde ich so einen Cocktail trinken.

Einen Tag später war dann wieder alles normal. Nur Patric zieht mich heute noch mit meiner Schatzkiste am Strand auf, die niemand sonst gesehen hat.

Fischkopfessen
TOYA BUNGKHA 23/9/12

Wir stehen vor unserem Hotel. Yogi, der Bergführer und Organisator, hat uns zum Abendessen zu sich nach Hause eingeladen. Ein paar Minuten später kommt er mit seinem klapprigen Motorrad angefahren. Wie immer trägt er seine zerschlissene blaugraue Windjacke. Er bedeutet uns, dass wir beide auf den Rücksitz seines Motorrads klettern sollen. Irgendwie finden wir Drei Platz auf dem Sitz dieser alten Schleuder, dann geht es los.

Yogi lenkt das Gefährt vorbei an den Bretterbuden und Hotels aus dem Dorf hinaus. Ein paar Hunde laufen in der Dämmerung herum und wir wundern uns, wo er uns wohl hinbringen wird. Nachdem wir ein paar Kilometer außerhalb des Dorfes sind, biegt er in einen kleinen Feldweg ein, der zu einer Art Baracke führt. Als wir näher kommen, sehen wir, dass es sich um einen Rohbau handelt. Genau dorthin bringt uns Yogi. Das Gebäude besteht aus unverputzten Ziegelwänden und einem Blechdach. Es gibt keine Türen, keine Fenster, keine Möbel und keinen Strom. Seine Frau und sein kleiner Sohn empfangen uns.

Uns wird ein Platz auf einer behelfsmäßigen Bank vor dem Haus zugewiesen. Eine Pressspan-Platte dient als Tisch und eine Öllampe spendet das Licht.

Yogi setzt sich mit uns an den Tisch, während seine Frau in einem der beiden Zimmer mit einem Gaskocher zerhackte Fische frittiert, das Leibgericht der Bewohner um den Batur-See.

Yogi zieht eine Plastiktüte mit einer durchsichtigen Flüssigkeit aus der Tasche. Er sticht mit seinem Messer die Tüte auf und gießt die Flüssigkeit in ein Glas. Es ist Arak, ein Palmschnaps, so erklärt er uns. Das Glas macht die Runde und Yogi erzählt uns seine Geschichte.

Seitdem er ein kleiner Junge ist, arbeitet er schon am Gunung Batur, dem Vulkan. Zuerst hat er dort Cola und Snacks an Touristen verkauft. Aus diesem Grund musste er jeden Morgen um drei Uhr aufstehen und mit seinen Waren auf den Vulkan klettern. Sobald er älter war, bekam es einen besseren Job für ihn: Vulkansteine vom Berg heruntertragen, wo sie Händler kauften und nach Ubud oder Denpasar brachten. Nachdem er das einige Zeit gemacht hatte, bekam es noch einen besseren Job für ihn, den Traumjob schlechthin: Er wurde Bergführer für die Touristen. Dabei hieß es, wiederum jeden Tag um vier Uhr morgens abmarschbereit zu sein und den Vulkan zu erklimmen. Die Arbeit war gut. Er konnte heiraten und für seine Familie ein kleines Haus bauen. Vor ein paar Jahren hatte er jedoch einen Autounfall. Die Details behält er für sich. Er sagt nur, dass er der Schuldige war, keine Versicherung hatte, und sein ganzes

Hab und Gut verlor, da er den Schaden bezahlen musste. Seit ein paar Jahren ist er schuldenfrei und beginnt wieder von Neuem ein Haus zu bauen – diesen Rohbau, den wir sehen. Er öffnet den zweiten Sack Arak und lässt das Glas die Runde gehen.

Inzwischen bringt seine Frau eine Schüssel mit den frittierten Fischstücken. Im Kerzenlicht langen wir zu und beißen in das fettige Essen. Patric reicht das Glas Arak an Yogi weiter, da bemerkt dieser: »Aah, du hast den besten Teil des Fisches bekommen: den Kopf.« Verwirrt blickt Patric auf das Essen in seiner Hand und sieht den frittierten Fischkopf, von dem er bereits die Hälfte verspeist hat. Gnädig lächelnd steckt er sich auch noch die andere Hälfte davon in den Mund, um diese armen Leute nicht zu beleidigen.

Yogi fährt mit seiner Geschichte fort. Nach dem Unfall hat er begonnen, Yoga zu praktizieren. Er macht jeden Tag seine Sitzungen. Sein großes Ziel wäre es, bei der Yoga-Sitzung in der heiligen Höhle am Berg mitzumachen. Doch dazu müsse er noch viel trainieren. Denn in der Höhle würden alle möglichen Kreaturen auf einem zu kommen und versuchen die Ruhe und Konzentration zu stören. Erst wenn man trotz einer Schlange, die sich um den Körper windet, in seiner Meditation verharren kann, sei man soweit, erklärt er uns.

Seine Frau und sein Sohn haben inzwischen auf der behelfsmäßigen Bank Platz genommen und ringen mit dem Schlaf. Es ist elf Uhr. Wir fragen Yogi, wann er denn morgen aufstehen müsse. Um zwei Uhr, sagt er uns. Da wissen wir, dass es Zeit ist, uns zu verabschieden. Wir bedanken uns für die Gastfreundschaft und versichern ihm, dass er uns nicht zurückfahren muss, sondern wir die paar Kilometer problemlos zu Fuß laufen können. Wir machen uns im Dunkeln auf dem Weg zur Hauptstraße, während uns Yogi und seine Familie aus dem Rohbau noch nachsehen und zuwinken.

Eine andere Art der Bestattung

Im Reiseführer steht zu Trunyan: »Die Toten von Trunyan werden weder beerdigt noch verbrannt, sondern verwesen auf Bambusgestellen. Wer dennoch den Friedhof besichtigen will, wird auf zwielichtige Gestalten treffen, die völlig überzogene Gebühren fordern. Es gibt also keinen Grund dorthin zu fahren.«

»Patric, Da müssen wir hin!«, sage ich. Yogi, der Bergführer in der zerschlissenen Windjacke, kann für uns alles organisieren; auch einen Einheimischen, der uns mit seinem Wagen abholen und zum Friedhof von Trunyan bringen wird. Besagter Fahrer holt uns in seinem Wagen ab.

Mit dem Auto geht es auf einer extremen Buckelpiste um den See herum. Die Straße macht mir Angst, obwohl ich als Bewohner der Alpen einiges an Steigungen und Kurven gewöhnt bin. Unser erstes Ziel ist Trunyan – das Dorf der Bali Aga. Diese beanspruchen die Ureinwohner von Bali zu sein. Sie sprechen auch eine andere Sprache, die nicht mit dem Balinesischen, geschweige denn Indonesischen verwandt ist. Sie leben von Fischzucht und Gemüseanbau. Kleine Anlangen im See beherbergen die Fische und die Felder tragen Chili und Zwiebeln. Den Bali Aga eilt ein schlechter Ruf voraus. Sie gelten als unfreundlich, xenophob und geldgierig.

Im Dorf angekommen, werden wir von allen mit großen Augen bestaunt. Es kommt nur selten vor, dass sich Touristen hierher verirrer, obwohl ihr Dorf nur durch einen kleinen See von dem touristisch erschlossenen Gunung Batur getrennt wird..

Als wir aus dem Auto aussteigen, stehen auch schon zwei Bali Aga zur Stelle um uns mit ihrem Langboot zu dem Friedhof hin zu rudern. Denn von ihrem Dorf aus geht es nur per Ruderboot weiter, da der Friedhof, der an einem kleinen Vorsprung in der Steilklippe gelegen ist, nicht über den Landweg erreicht werden kann.

Wir schippern an der Steilklippe entlang. Knorrige Bäume hängen ihre Zweige und Lianen ins Wasser. Der Anlegesteg kommt näher: Ein altes Brettergestell, das auf einer Seite schief ins Wasser hängt. Dort legen wir an und klettern aus dem Boot heraus. Unser Fremdenführer geleitet uns zu dem Tor, das von blanken Schädeln gesäumt wird. Um die Schädel herum liegen Opfergaben, wie Trinkwasser, Zigaretten und Münzen.

Dieser Friedhof ist einzigartig. Die Toten werden der Reihe nach unter Bambusgestelle gelegt und der Verwesung überlassen. Sobald der Platz voll ist, werden die ältesten Leichen verbrannt und die Schädel aufgestapelt. Das Beeindruckendste jedoch ist der gewaltige alte Baum, um den herum der Friedhof angelegt wurde. Der Baum verströmt einen Duft und neutralisiert damit den Leichengeruch. Man riecht nichts. Wie das geht ist unklar, aber es funktioniert, denn der letzte Tote liegt gerade einmal 20 Tage dort.

Der Führer sagt uns, dass wir gegen eine kleine Spende an ihn gerne die Totenschädel in die Hand nehmen und Fotos mit ihnen machen können. Wir lehnen das pietätlose Angebot ab. Allerdings scheinen sich die Vorurteile über die Gier der Bali Aga zu bestätigen, denn für das knisternde Papier, geben sie sogar die Ruhe ihrer Toten her.

Die heilige Schlange
TANAH LOT 27/9/12

Tanah Lot ist weltbekannt. Jeder Balireisende kehrt mit einem Foto von hier zurück. Der Tempel wurde auf einem Felsen errichtet, der nur bei Ebbe betreten werden kann. Doch nicht dieses berühmte Fotoobjekt, sondern ein kleines Schild daneben erregt unsere Aufmerksamkeit. Über einer kleinen Höhle hängt ein Schild mit der Aufschrift: »Heilige Schlange«. Gegen eine Spende darf man sie sehen. Wie stellt man sich eine heilige Schlange vor? Wir haben keine Ahnung. Nach unserer Spende nimmt der Wärter eine Taschenlampe und leuchtet in ein kleines Steinloch hinein. Dort liegt eine zusammengepferchte Schlange. Er sagt, ich soll die Schlange angreifen, das bringe Glück. Ich zögere und frage, ob sie nicht beiße. Er: »Nein, Nein, das ist eine heilige Schlange.« Auf die Frage, warum die Schlange heilig sei, sieht er mich verwundert an und sagt: »Weil sie nahe beim Tempel ist.«

Bintang-Shirts
SEMINYAK 27/9/12

Wir suchen ein Café um dort einen guten Espresso zu bekommen. Tripadvisor weist uns auf den Potato Head Beach Club hin. Wir lenken unser Moped durch die engen Gassen von Seminyak und finden schließlich zum besagten Beach Club. Als wir das Gebäude sehen, fühlen wir uns schlagartig arm.

Wir betreten das noble Areal. Sofort kommt eine Empfangsdame im Abendkleid auf uns zu und führt uns zu den freien Plätzen. Wir können zwei Liegen nehmen, allerdings müssen wir dann €50 pro Person konsumieren. Für einen Espresso wäre das doch ein bisschen zu teuer. Daher begnügen wir uns mit einem kleinen Tisch am hinteren Ende des Beach Clubs.

Von unserem Tisch aus können wir zwei interessante Sachen beobachten. Erstens sehen wir ein Schild am Eingang mit der Bekleidungsvorschrift. Groß steht hier vermerkt: »Keine Kleidung mit Alkoholmarken erlaubt!« Dieses Schild entfaltet seine komplette Wirkung nur mit der zweiten Sache, die wir beobachten: die Australier. Wie immer sieht man sie mit ihren Schildkappen, Surfershorts und Flip-Flops herumlaufen. Soweit ist das nichts Besonderes. Aber ihr ärmelloses Shirt mit der Bintang-Bier Aufschrift ist plötzlich verändert. Die Damen am Eingang empfehlen ihnen, einfach ihr Shirt umzudrehen, so dass Innen Außen ist. Somit sind sie nur noch hässlich gekleidet aber verletzten die Regel mit der »Kleidung mit Alkoholmarken« nicht und dürfen so in den Club hinein um dort ihr Geld zu hinterlassen.

Hausparty

Die Linguistikkonferenz ist vorbei. Wir hören von einer Studentenparty in einem Wohnheim. Johanna kennt da jemanden und so machen wir uns auf dem Weg dorthin. Wir marschieren in der kalten Mailuft über den MIT-Campus. Die Sonne senkt sich langsam und ich stelle meinen Kragen hoch.

Das Wohnheim ist ein vierstöckiger Backsteinbau. Der Eingang zum Innenhof wird von eigenen Sicherheitsleuten bewacht. Scheinbar ist es ein Wohnheim für privilegierte Studenten. Auf Johannas und Jasmines Überredungskünste hin, lässt uns der Sicherheitsmann in den Innenhof, jedoch nicht in das Gebäude. Doch der Innenhof und die Leute darin liefern genügend Eindrücke über die Studenten an dieser Eliteuniversität.

Ein DJ legt elektronische Musik auf, deren Vibes und Beats nur hartgesottene Elektronikfans bewegen können. Dazu schwanken ein paar krauslockige und mit Akne überzogene Studenten in ihren grauen Kapuzenpullover, während sie einen Plastikbecher mit Bier in der Hand halten. Im Hintergrund sieht man eine Arena, wo am Nachmittag die Studentinnen in einer Schlammschlacht gegeneinander antraten.

Ich will in das Gebäude hineingehen, doch ein Wachmann hält mich davon ab. Mein Band am Handgelenk erlaubt mir nur den Innenhof. Er erklärt mir, dass es für jedes Geschoss und Gebäude ein eigenes Band gebe, damit nicht jemand auf die Idee komme einfach so in die Nudisten-Etage zu laufen und die Leute dort zu beobachten. »Nudisten-Etage?«, frage ich ihn. Ja, in der Etage haben alle Studenten beschlossen nackt herumzulaufen, antwortet er mir.

Gedankenversunken gehe ich wieder in den Innenhof und lasse das Treiben hier in meinem Kopf vorüberziehen. Die Nudisten und pubertierenden Biertrinker hier sollten die Elite unseres Planeten sein? Wenn das wirklich das Beste ist, was die Menschheit zu bieten hat, dann sieht die Zukunft der Erde düster aus.

Hacking MIT

0:30 Treffpunkt. Johanna, Birgit, Jasmine und ich warten in der kühlen Nacht vor unserem Hotel. »Nüchtern. Warme Kleidung. Turnschuhe. Keine Kameras«, so lauten die Anweisungen der Hacker. »Nüchtern« war das kleinste Problem. Mit der Kleidung mussten mir jedoch meine Reisegefährten helfen, da ich wie immer nur mit eleganter Sommerkleidung im Koffer gereist bin. Jasmine lieh mir einen schwarzen Rollkragenpullover. Philipp gab mir seine schwarze Mütze, die mich wie einen Einbrecher aussehen lässt. Dazu kommen meine schwarze Anzugshose und die schwarzen Halbschuhe. Damit bin ich mehr schlecht als recht ausgerüstet, für das was uns erwarten soll.

Johanna hat auf ihre sanguinische Art und Weise irgendwie Kontakt zu der Hacker-Community am MIT bekommen. Diese Gemeinschaft versucht die Gebäude zu »hacken«. Die Idee ist, an alle möglichen und unmöglichen Orte im MIT hinzukommen und sich dort mit einem »Sign-In«, seinem Kürzel, zu verewigen. Und das ohne, dass man von Jemanden gesehen wird. Einer der Hacker war bereit, uns eine private, nächtliche Hacking-Tour durch das MIT zu geben.

Wir warten einige Minuten in der Kälte, dann kommt der Hacker in Begleitung einer Hackerin. Beide sind knappe zwanzig Jahre alt, tragen Brillen, Jeans und die typischen Kapuzenpullover, die an amerikanischen Universitäten so beliebt sind. Sie stellen sich vor und erklären uns nochmals die Regeln: Wir dürfen keine Fotos machen und sollten keine Einträge in irgendwelchen Sozialen-Netzwerken über unsere Tour machen. Außerdem sollten wir hoffen, dass uns die Campus-Polizei nicht trifft, denn wir bewegen uns in einer »Grauzone«, und für uns könnte es dann kompliziert werden, da wir keine Studenten am MIT sind.

Es geht los. Das erste Ziel sei das dritte Untergeschoss. Wir steigen über graue Betontreppen hinab, eine grüne Metalltüre wird schnell mit einem Dietrich geöffnet und wir huschen hindurch, hinein in einen dieser eigenartigen Maschinenräume, die große Gebäudeanlagen immer in ihren Eingeweiden haben. Diese Räume verströmen eine eigene Atmosphäre. Staubige Rohre, die aus den Wänden und Decken kommen und irgendwo wieder verschwinden; spärliche Neonlampen, die den Raum abwechselnd in ein grelles, blaues Licht und dann wieder in düstere Dunkelheit tauchen; dazu das allgegenwärtige dumpfe Dröhnen.

Wir folgen dem Wartungsweg, klettern über zwei Rohre zu einer engen Spalte, durch die wir uns hindurch quetschen. Hinter der Spalte ist ein kleiner Raum, der das Heiligtum der Hackerbewegung ist. Von der Rückwand des Raumes glänzen in dicken schwarzen Buchstaben die 10 Hacker-Gebote. An den Seitenwänden sind zahllose »Sign-Ins« der Hacker angebracht. Der namenlose Hacker, der uns hier hergeführt hat, zeigt uns ein besonderes »Sign-In«. In griechischer Schrift zeigt es den Namen Sophokles. Sophokles sei der große Mythos der Hacker-Community. Er hat 122 nummerierte Sign-Ins gemacht, unter anderem am Atomreaktor, am Funkturm und auf der Kuppel – die drei verbotenen Orte. Wird man hier von den Wachmännern aufgegriffen, fliegt man von der Universität. Allerdings hat niemand jemals sein »Sign-In« mit der Nummer 1 gefunden. Ich frage mich, ob der lustige Sophokles vielleicht einfach mit Nummer 2 begonnen hat…

Es geht über »steril« wirkende Treppen, durch metallene Tore, leere Gänge und versperrte Türen hindurch, auf das Dach hinauf. Normalerweise sei das eine Todsünde. Die Flachdächer sind für Studenten verboten – wegen der hohen Selbstmordrate. Wir schleichen uns durch die Türe hinaus, an der Wand entlang und über eine kleine Leiter auf das Zwischendach hinauf, immer versuchend, den Lichtern auszuweichen. Nach einem kleinen Sprung auf ein Nachbardach, sagt uns der Hacker, dass wir in gebückter Haltung hinter dem Schacht einer Klimaanlage entlang wandern und darauf achtgeben sollten, dass uns niemand sieht. Ich frage ihn, warum das notwendig sei. Er sagt mir, ich solle doch einen kurzen Blick auf das Nachbargebäude werfen. Hier sind die Büros von den Architekturstudenten untergebracht. Es ist 2:18, in der Nacht von Samstag auf Sonntag. Trotzdem sind einige Büros hell beleuchtet und man sieht die Studenten darin vor ihren Computern sitzen oder die Modelle der 3D-Drucker begutachten. Ich frage mich, ob man das Ziel im Leben erreicht hat, oder ob man sein Leben vergeudet hat, wenn man mitten in der Nacht am Wochenende an einem Projekt arbeitet, nur um seinen Bachelor von einer Eliteuniversität zu bekommen.

Ein wenig später sitzen wir am Dach und betrachten die nahe Kuppel. Überall sieht man am MIT Fotos der Kuppel, wo ein Polizeiauto darauf thront. Angeblich hat ein Student sein Auto im Parkverbot stehen lassen, die ganzen Sommerferien über. Ein braver Polizist soll ihm zuverlässig jeden Tag einen weiteren Strafzettel an die Windschutzscheibe gesteckt haben. Als Revanche hat der Student – einer der Hacker – das Auto des Polizisten in einer Nacht-und-Nebel-Aktion auf die Kuppel gestellt. Keiner weiß wie. Am nächsten Tag musste jedoch ein Kran das Polizeiauto wieder hinab heben.

Erschöpft, unentdeckt und nicht ganz sicher, was ich von Sophokles und dem Polizeiauto halten sollte, geht es wieder ins Hotel zurück.

Sun Bright Hotel
NEW YORK 5/5/13

Laut GPS sollte ich in der richtigen Straße sein. Die Gegend stimmt jedenfalls. Alles hier sieht chinesisch aus. Und gleich ein paar Blöcke daneben sei die berühmte »Mulberry-Street«, die durch »Little Italy« führt. Ich prüfe nochmals den Straßennamen; dieser stimmt auch. Nur kann ich nirgendwo ein Schild mit dem Namen »Sun Bright Hotel« finden, oder auch nur eine Hausnummer erahnen.

Ich habe das Ende der Straße erreicht. Es ist schon dunkel. Und die meisten Geschäfte sperren gerade zu. Ich betrete einen kleinen chinesischen Imbiss-Stand an der Straßenkreuzung und frage nach meinem Hotel. Doch ich ernte nur ein unwissendes Schulterzucken von der kleinen Dame hinter dem Tresen. Weiß sie nicht, wo das Hotel ist? Oder versteht sie etwa gar kein Englisch?

Zurück auf der Straße bleibt mir nichts anderes übrig, als umzukehren und nochmals die Häuserschlucht auf der Suche nach meinem Hotel abzuwandern. Aufmerksam studiere ich jedes chinesische Schild, das ich sehe. Und plötzlich fallen mir die kleinen lateinischen Buchstaben, die unter drei großen chinesischen Schriftzeichen stehen, auf. Halb verwaschen zeigen sie »Sun Bright Hotel«.

Der Bau erweckt nicht gerade Vertrauen. Vor einem halben Jahrhundert hatte er seine Blütezeit sicher schon überschritten. Die Fassade besteht aus schmutzigen Ziegeln und die alte Holztür, steht offen. Ein paar zwielichtige, asiatische Gestalten stehen vor dem Eingang und ein alternativer Reisender mit Öko-T-Shirt und Vollbart sitzt auf den Stufen und raucht schweigend eine Zigarette. Das muss wohl meine Unterkunft für die nächsten paar Tage sein.

Ich schultere meinen Koffer und steige die schmutzigen Stufen in den ersten Stock hinauf. Hier erwartet mich ein kleiner Empfangsraum, der von einem alten, braun gemusterten PVC-Boden aus den 80er-Jahren verziert wird. Der Empfangsschalter befindet sich hinter einer Glaswand, wie man sie von den Fahrkartenschaltern am Balkan kennt. Dahinter sitzt ein schweigender Chinese. Ich grüße ihn. Er schweigt weiter und macht nur eine fordernde Handbewegung. Ich reiche ihm meinen Reisepass und die Reservierung durch den kleinen Glasschlitz. Nach ein paar schweigsamen Minuten, und einigen Formalitäten, reicht er mir meine Dokumente und einen Schlüssel zurück, die von einem: »Fünfter Stock!«, begleitet werden. Auf meine Frage, ob es einen Aufzug gibt, bekomme ich nur ein gleichgültiges: »Nicht haben!«, als Antwort, während sich der schweigsame Angestellte wieder seinem Fernseher zuwendet.

Also schultere ich meine Tasche wieder und mache mich auf den Aufstieg in den fünften Stock. Das Stiegenhaus verliert seinen Verputz und von den alten Holzstufen ist die meiste Farbe schon abgeblättert. Es ist kalt im Stiegenhaus. Die kleinen, schmutzigen Fenster lassen sich gar nicht mehr schließen.

Ich erreiche die zweite Etage. Hier weht mir aus den verschlossenen Türen ein intensiver Uringeruch entgegen. Auch die kalte Luft, die durch das zerbrochene Fenster zieht, kann den Geruch nicht vertreiben. Schnell steige ich in das nächste Stockwerk weiter.

Die dritte Etage scheint verweist zu sein. Zwei dunkle Gänge mit kaputten Türen und kaputten Fenstern sind alles, was man hier sieht. Vielleicht könnte man Ratten beobachten, wenn man ein wenig länger warten würde.

Der vierte Stock sieht gleich aus wie die verlassene dritte Etage darunter. Nur mit einem kleinen Unterschied: sie scheint bewohnt zu sein. Am verlassenen Gang wurde nasse Wäsche auf einer Leine zum Trocknen aufgehängt. Im Stiegenhaus kauert ein Chinese mit bloßem Oberkörper vor einem Gaskocher und wärmt sich eine Suppe oder Tee auf. Noch ein Stockwerk, dann bin ich in der richtigen Etage. Hoffentlich ist diese besser.

Ich steige die letzten Stufen hinauf und komme vor einer weißen Bretterwand mit nur einer weißen Holztür darin zu stehen. Mit dem Schlüssel von meinem Schlüsselbund öffne ich diese Tür. Es bietet sich mir ein Bild, das ich noch nie gesehen habe. So weit das Auge reicht, erstreckt sich ein Gang, der scheinbar nur aus Türen besteht. Es erinnert mich an den Film »Matrix«. Der Gang ist eine Holzkonstruktion und alle eineinhalb Meter wurde eine Türe in diese Konstruktion eingebaut. Alles ist mit einer weißen Farbe gestrichen. Und von der Decke scheint grelles Neonlicht.

Ich marschiere den Gang entlang und suche meine Tür. Als ich sie öffne, finde ich dahinter eine Schlafkoje, die nur aus einem an der Wand verschraubten Bett und drei Schrauben an der Gegenwand besteht, die als Kleideraufhänger dienen. Meine Schlafstätte wird von den andern Kojen nur durch eine Holzwand abgetrennt, die zwei Meter hoch ist und oben von einem Gitter abgeschlossen wird. Auch wenn das Gitter vor Ratten schützt, so hält es doch das Licht im Raum und die Geräusche der anderen 63 Leute in dieser Etage nicht von mir ab.

Würde man in Österreich so Flüchtlinge unterbringen, würde die UNHCR vor der Türe stehen und die menschenunwürdigen Bedingungen anprangern. Aber mir ist es gleichgültig. Die drei Nächte überlebe ich hier leicht. Und verglichen mit den Schlafgelegenheiten in Tansania, ist das hier der pure Luxus. Immerhin gibt es fließendes Wasser in der Dusche.

Allerdings verstehe ich, warum dieses Hotel nur ein Zehntel der durchschnittlichen New Yorker Zimmerpreise verlangt.

Ich werfe meine Sachen auf das Bett und mache mich auf einen Spaziergang durch die dunklen Straßen, um ein anständiges italienischen Abendessen in Little Italy zu finden und die chinesische Schlafkoje vorerst zu vergessen.

Besuch bei den Maya

MERIDA 9/5/13

Ich ziehe mein weißes Hemd und eine beige Anzugshose an, denn heute treffe ich Jorge und Abraham, die beiden Hängematten-Großhändler und Geschäftspartner von mir. Ich spaziere über die kühlen Marmorstufen von meinem Hotel im Kolonialstil hinab. Der Zwischenstock wird von einer Damenstatue geziert, die in der Nische an der Wand ihren Platz gefunden hat. Die Treppe geht in einen Fliesenboden über, dessen weiße und schwarze Fliesen an ein riesiges Schachbrett erinnern.

Durch das alte, hohe Eisentor, das Tag und Nacht offen steht, trete ich auf den Platz in die mexikanische Sonne hinaus. Ich setze meine Sonnenbrille auf und streiche mir die Haare mit der Pomade glatt zurück, während ich über die eigenartige Stadtplanung von Merida nachdenke. Merida ist nicht natürlich gewachsen, sondern wurde von den Spaniern geplant und gebaut. Das merkt man der Stadt an. Aus der Vogelperspektive betrachtet, gleicht Merida einem riesigen Schachbrett. Unzählige gerade Straßen laufen parallel zueinander und bilden kleine quadratische Straßenblöcke. Die Straßen mit den ungeraden Nummern laufen in Nord-Süd-Richtung. Die Straßen mit den geraden Nummern, laufen von Ost nach

145

West. Jede Straße ist gleich schmal. Jede Straße ist eine Einbahn. Es gibt keine Hauptstraße. Eine dieser Straße spaziere ich entlang, um zu Jorge und Abraham zu kommen.

In einem kleinen Innenhof steige ich in einem schmutzigen Gebäude eine alte Treppe hinauf. Vorbei an Lagerräumen, die mit Hängematten vollgestopft sind. Im obersten Stock angekommen, begrüßt mich Abraham mit einem freundlichen Lächeln und einem festen Händedruck. Der freundliche Libanese ist als kleines Kind nach Mexiko gekommen und hat sich hier einen Namen als Hängematten-Großhändler gemacht. Er erklärt mir, dass die Hängematten immer noch von Maya-Familien in kleinen Dörfern hergestellt werden. Aus ungefähr zwanzig solchen Dörfern lässt er die diese hierher bringen, um sie zu verpacken und in die weite Welt zu verschicken. Bei einem Rundgang durch die Lagerhallen erklärt er mir, dass sein Vater eine Baumwollfabrik gründete. In dieser stellen sie immer noch selbst die Baumwollfäden her, aus denen die Hängematten geknüpft werden. Ich frage, ob ich diese Fabrik sehen kann und Abraham willigt ein. Er lässt die Mitarbeiter mit ihrer Arbeit in seinem Geschäft zurück und fährt mich mit seinem Wagen zur Baumwollfabrik.

Wir steigen aus dem klimatisierten schwarzen Pick-Up aus und begeben uns in die Halle – ein altes Gebäude, in dem Fäden produziert werden – hinein.

146

Es liegen Ballen mit Baumwolle herum, weiße Fäden werden durch ratternde alte Eisenmaschinen gezogen und auf surrenden Spindeln aufgerollt. Abraham geht mit mir die komplette Produktionsstraße durch. Angefangen von der Rohbaumwolle bis hin zu den fertigen, gefärbten Fäden. Es ist verrückt, dass ich ein Vierteljahrhundert alt werden musste, bis ich das erste Mal einen Ort zu sehen bekomme, wo die Fäden gemacht werden, aus denen alle unsere Kleidung besteht. Noch verrückter ist es, dass dieser Ort so fremd anmutet, obwohl vor ein paar Jahrzehnten in meiner Heimat Tirol noch genau dasselbe gemacht wurde. In dem kleinen Dorf, in dem ich aufgewachsen bin, steht heute noch eine verwahrloste Fadenfabrik.

Abraham muss zurück in sein Büro. Er hat jedoch einen Fahrer und Dolmetscher für mich organisiert, der mich nach Tixkokob, einem kleinen Maya-Dorf, in dem die Hängematten geknüpft werden, bringen wird.

Wir fahren eine gute Stunde durch die gleißende, mexikanische Sonne. Die Klimaanlage in unserem schwarzen Pick-Up bläst mit voller Kraft aus den Lüftungsschlitzen. Der Fahrer, ein kleiner, stämmiger Mexikaner mit Schnurrbart, erzählt mir, dass er nur ein einziges Mal im Ausland war – in den USA. Dort hat er zehn Jahre illegal gelebt und gearbeitet. Nach den zehn Jahren wurde er wieder zurückgeschickt, zusammen mit seiner Frau und den beiden Kindern,

147

die in den USA geboren wurden. Aber von seinem Auslandsaufenthalt hat er etwas Unbezahlbares mitgenommen: die Fähigkeit, fließend Englisch zu sprechen. Zurück in Mexiko wurde er sogleich von einigen Firmen angesprochen, die einen Übersetzer benötigten. Er versuchte es mit Jorge und Abraham. Seine beiden Chefs seien freundlich und fair. Der Lohn sei gut. Inzwischen konnte er sich ein kleines Haus zulegen und er bekam nochmals zwei Kinder. Er scheint glücklich zu sein.

Wir kommen in Tixkokob an und machen vor einem großen orangefarbenen Gebäude halt. Das Gebäude sticht aus dem Dorfbild heraus. Es ist das einzige, das zwei Stockwerke besitzt, vergitterte Fenster hat und in dessen Einfahrt ein glänzender, neuer Wagen parkt. Hinter dem Haus ist eine kleine Werkstatt angebaut, dorthin machen wir uns auf dem Weg.

In dieser Werkstatt sitzen fünf Mexikaner auf kleinen Stühlen und geben den Hängematten den letzten Schliff. Der Leiter der Werkstatt und Zwischenhändler für Jorge und Abraham ist ein wohlgenährter Mexikaner in sauberen Kleidern. Er erklärt mir, dass ungefähr zwanzig Familien im Dorf von ihm Wollfäden bekommen. Diese Familien knüpfen aus den Fäden die Tragflächen für die Hängematten. Seine Arbeiter holen diese Netze von den Familien ab und bringen hier in der Werkstatt die Aufhängung an die Tragflächen an. Jorge und Abraham geben wiederum bei ihm die

Bestellung auf und holen die fertigen Hängematten dann bei ihm ab.

Ich sage, dass ich ein paar der Familien besuchen möchte, die die Hängematten knüpfen. Unterwürfig-freundlich geleiten mich der Zwischenhändler und der Fahrer zu drei Familien hin. Ich fühle mich eigenartig. Überall wird mir der Vortritt gelassen, die Türe aufgehalten und Alle warten, was ich mache. Im ersten Haus unterbricht die Maya-Frau sofort ihre Hausarbeit und stellt sich übertrieben respektvoll neben ihr Knüpfgestell hin. Ich stelle ein paar Fragen, die mein Dolmetscher übersetzt. Die Dame spricht nur, wenn sie gefragt wird. Ich mache ein paar Bilder, bedanke mich bei ihr und verlasse das Haus.

Es fühlt sich eigenartig an, wenn Menschen, die das doppelte oder dreifache Lebensalter erreicht haben, sich so unterwürfig verhalten, nur weil man eine weiße Hautfarbe hat und ihnen durch ein paar Geschäfte Geld bringen könnte.

Der Fahrer fragt mich, ob es mich interessieren würde, die Maya-Ruinen in der Nähe des Dorfes zu besuchen, was ich natürlich sofort bejahe. Wir durchstreifen die Ausgrabungsstätte. Keine Leute sind hier, nur ich, der weiße Tourist, mit einem mexikanischen Fahrer. Er versteht es nicht, warum ich auf diese komischen Pyramiden klettern will, anstelle im Schatten zu warten, da es doch so heiß ist. Trotzdem bezwinge ich die Stufen, während er unten wartet. Die Stufen sind so steil, dass sie bei uns auf der Kletterskala als 3 oder 4 eingestuft werden würden. Oben angekommen mache ich ein paar Fotos und versuche mir vorzustellen, wie dieser Ort wohl vor einigen Jahrhunderten ausgesehen haben könnte.

Am Ausgang der Ausgrabungsstätte klettern ein paar Kinder auf den Steinen herum. Als sie mich sehen, deuten sie mit dem Finger auf mich und rufen laut: »Gringo! Gringo!« Ich muss daran denken, dass wir Europäer immer als rassistisch eingestuft werden. Dabei gibt es in jedem Land der Welt eine eigene abwertende Bezeichnung für »Weißer« und niemand zögert auch nur eine Sekunde, bevor einem diese Bezeichnung an den Kopf geworfen wird. Man möge einmal etwas Ähnliches im politisch korrekten Europa oder Amerika versuchen.

Coco Bongo
CANCÚN 10/5/13

In Cancún laufen die Uhren anders. Hier rollt der Rubel. Alles ist doppelt so teuer wie in Mérida, da hier hauptsächlich Touristen zum Feiern an den Strand kommen.

Meine Unterkunft ist dubios. Es scheint so, als hätte ich ein Händchen für komische Unterkünfte. Diesmal wohne ich in einem ausgestorbenen Einkaufszentrum, wo zwischen den Geschäften ein paar Zimmer verteilt liegen. Es ist stickig und das Licht ist gedämmt. Die Geschäfte sind verbarrikadiert, die Rolltreppen ohne Strom, die Springbrunnen wasserlos; eine gespenstische Atmosphäre. Auch mein 5-Bett-Zimmer wird nur von mir bewohnt; von mir und 867 Moskitos um genau zu sein.

Nach einer kurzen Dusche stehe ich wieder auf der Straße und mache mich auf den Weg zum Coco Bongo, eine interessante Mischung aus Bar, Großraum-Diskothek und Musical-Aufführung. Angeblich sollte das ein Pflichttermin für jeden Cancún-Besucher sein.

Vor dem verwaisten Einkaufszentrum findet sich ein kleines Restaurant, dort mache ich kurz Halt. Auf Barhockern sitzen ein paar Leute um hohe Tische herum und verspeisen ihre Burger. Ich mache es ih-

151

nen gleich. Während ich auf meinen Burger warte, kommt ein dubioser, glatzköpfiger Mexikaner zu mir an den Tisch. Es ist einer dieser schmierigen Typen, die eine Aura des Unbehagens mit sich bringen. Nach den üblichen Fragen, woher ich komme, was ich hier mache und mit wem ich reise, sagt er mir, dass er Touren der besonderen Art anbiete. Er bringt Touristen in die dubiosen Strip-Clubs am Stadtrand, eine Gegend, wo man als Nicht-Mexikaner besser nicht alleine hingeht. Sein Angebot, mich dorthin zu bringen, lehne ich freundlich ab und verweise auf das Ticket für Coco Bongo, das ich bereits gekauft habe. Verständnisvoll lächelt er und lobt das Coco Bongo in hohen Tönen. Dann beugt er sich nahe an mich heran und fragt mich, ob ich dann was anderes möchte, während er seinen Finger an seine Nase führt und eine schnüffelnde Bewegung macht. Auch dieses Angebot lehne ich freundlich lächelnd ab. Da merkt er, dass mit mir keine Geschäfte zu machen sind und begibt sich wieder zu der blonden Dame am anderen Tisch zurück. Ich bezahle die Rechnung und mache mich auf den Weg zum Coco Bongo.

Vor dem höhlenartigen Gebäude bilden sich riesige Menschentrauben. Gut, dass ich mein Ticket schon im Vorfeld gekauft habe. Trotzdem muss ich mich in eine der Menschenschlangen einreihen und auf den Einlass warten. Hinter mir steht ein Pärchen, mit dem ich schnell ins Gespräch komme. Sie kommen aus

Großbritannien und sind für eine Woche hier in Cancún. Heute ist das erste Mal, dass sie aus ihrem Ressort heraus und in die Stadt hinein sind, da es eine weite Fahrt sei. Während wir warten und reden, laufen freundlich lächelnde mexikanische Kellner die Menschenschlangen entlang und tragen große Tableaus, beladen mit kleinen Schnapsgläsern aus Plastik, die mit einer undefinierbaren, rosafarbenen Flüssigkeit gefüllt sind. Auch nachdem wir sie getrunken haben, wissen wir immer noch nicht, was das süße Zeug genau war.

Die Schlange drängt sich in das Gebäude hinein. Nachdem unsere Tickets kontrolliert wurden, werden die beiden Briten schon von einem Freund empfangen. Ein kleiner, stämmiger Amerikaner; übergewichtig und in Hawaiihemd und Shorts gekleidet. Sie erklären mir, dass er im selben Hotel wie sie wohnt und einen Tisch im VIP-Bereich reserviert hat. Wenn ich möchte, könne ich mit ihnen mitkommen.

Ein paar Augenblicke später stehen wir an unserem VIP Tisch mit Oliver, dem privaten Kellner. Oliver bedient einige Tische, doch unserer hat Priorität. Wenn ich ihn sehe, genügt ein Fingerzeig auf mein leeres Weinglas und sofort unterbricht er das Ausliefern anderer Getränke oder das Aufnehmen anderer Bestellungen, eilt zur Bar und bringt mir ein neues, gefülltes Glas.

Nach ein paar Minuten beginnt die erste Show, sie hat das Thema Chicago. Angelehnt an das Musical erscheinen ein paar Tänzer auf der Bühne. Nach ihrem wenig beeindruckenden Tanz, gleiten sie an Drahtseilen von der Bühne in die Menschenmassen hinab. Die Menge applaudiert, ein DJ legt Musik auf, Oliver bringt ein neues Glas und wir warten auf die nächste Show.

Inzwischen hat sich herausgestellt, dass der Amerikaner ein Texaner ist und die Bezeichnung US-Amerikaner gar nicht hören möchte, und dass dieser Texaner und die anderen fünf US-Amerikaner in einem Ressort untergebracht sind, das ein groß angelegter Swinger-Club ist. Erstaunt frage ich das britische Pärchen, ob sie schon wissen, in welchem Ressort sie hier leben. Sie erklären mir, dass sie immer gerne an solchen Plätzen Urlaub machen, denn die Leute in diesen Swinger-Ressorts sind meistens offene, lustige Gesellen und man müsse ja nicht bei ihren Orgien mitmachen. Ein bisschen verwirrt über die Menschheit bedeute ich Oliver, dass mein Glas wieder leer ist und mische mich in die Menge, weg von den Swinger-Gesellen.

Das venezolanische Pärchen

Unser Reisebus fährt gerade von Chichen Itza zurück nach Cancún. Der Tagesausflug war ermüdend. Neben mir sitzt ein grimmiger Australier, der als Chemiker für die australische Regierung arbeitet und Drogen analysiert.

Vor uns sitzt ein junges Paar, beide sprechen ein wenig Englisch und sind knappe 20 Jahre alt. Begeistert zeigen sie uns, was sie gestern gemacht haben. Sie waren Bananenboot fahren, sie haben den Strand fotografiert, sie waren im Coco Bongo, sie schwärmen von den Hotels. Dieses Pärchen versprüht eine unglaubliche Energie. Mit ihrer Digitalkamera halten sie alles fest; den Bus, die Bäume, die Leute, das Essen. Alles ist neu. Alles ist aufregend. Alles ist begeisternd.

Der grimmige Australier nickt nur zustimmend zu ihren Fotos und auch ich kann ihre Euphorie nicht ganz nachvollziehen. Natürlich ist der Strand in Cancún schön, doch ich hab schon schönere Strände gesehen. Die Show im Coco Bongo war nett, aber nicht umwerfend oder weltbewegend. Und das Bananenboot sieht man inzwischen an jedem Strand.

Doch der nächste Satz von ihnen erklärt alles. Es ist das erste Mal, dass sie im Ausland sind. Bis jetzt waren sie nur in Venezuela unterwegs. Ich freue mich für sie, doch irgendwie stimmt es mich auch traurig, denn das erste Mal auf Reisen ist etwas Besonderes. Irgendwann kommt jedoch der Punkt, wo man die meisten Dinge gesehen hat und die Welt ihrer Reiz zu verlieren beginnt. Wird man automatisch immer kalt und kälter, oder kann man sich diese kindliche Freude bewahren? Inzwischen habe ich bemerkt, dass man das kann. Denn nicht die Orte und Dinge machen die besonderen Erlebnisse aus, sondern die Menschen, die man an diesen Orten trifft, diese geben jedem Erlebnis den individuellen neuen Reiz.

Drogenkontrolle

Der Flug von Cancún nach Havanna ist verspätet. Ich sitze vor dem Flugsteig und warte auf das Boarding. Da sehe ich eine Gestalt, die aus der Menge heraussticht: Alex. Lange blonde Dreadlocks zieren seinen Kopf. Eine Kette mit einem mir unbekannten esoterischen Symbol ziert seinen Hals. Ein weites, durch Batik gefärbtes Hemd schimmert in bunten Farben, darunter bedeckt eine Leinenhose seine Beine. Er ist barfuß.

Er setzt sich an den freien Platz neben mir und beginnt zu erzählen. Alex kommt aus Schweden. Seit über zwei Jahren trampt er nun schon durch Südamerika. Mit allen möglichen Jobs verdient er sich das Geld, um zu überleben; als Barkeeper, als Schiffskoch, als Tierpfleger. In Brasilien hat er probeweise ein Monat ohne Geld zu leben versucht. Es hat geklappt. Dabei hat er sich von Abfällen ernährt und auf der Straße geschlafen.

Der Flug wird aufgerufen. Wir reihen uns in die Schlange am Gate ein. Hier stehen wir, so unterschiedlich gekleidet wie Tag und Nacht: er in seiner Hippie-Kluft; ich in weißem Hemd, beiger Anzugshose, Halbschuhen und mit meinem Panamahut in der Hand. Während wir hier warten, baut die Flughafen-

157

sicherheit hinter der Ticketkontrolle einen Tisch auf und lässt einen Polizisten mit einem Drogenhund aufwarten. Alex sieht mich mit seinen geweiteten Pupillen an und sagt in langsamen, schleppenden Ton: »Hey Dude, ich wette, die picken mich aus der Reihe heraus und durchsuchen mich. Es erwischt immer mich. Ich verstehe nicht warum.« Ich mustere ihn nochmals von oben nach unten und verstehe sofort, warum sie immer ihn herauspicken. Die Schlange bewegt sich weiter. Das Ticket von Alex wird kontrolliert, er wird durchgewunken. Mein Ticket wird kontrolliert, die Polizei bittet mich zur Seite. Akribisch wird meine Tasche durchsucht, der Drogenhund schnüffelt an mir. Die psychologisch geschulte Kontrolleurin fragt mich mehrmals, ob ich irgendetwas Verbotenes mithabe und dass ich es ihnen jetzt geben sollte. Doch ich habe nichts, nur meine Bücher. Nach mehrmaligem Durchsuchen meiner Tasche und mehrmaligem Befragen, lassen sie mich gehen. Ich treffe Alex wieder. Er sieht mich an und sagt: »Dude, warum haben die dich herausgeholt? Die dachten vielleicht, du seist ein Spion, so wie du angezogen bist.«

Eine Nacht in Havanna
HAVANNA 13/5/13

Kuba ist eine eigene Welt. Eine Mischung aus alten, romantischen Träumen und der traurigen Wirklichkeit der Dritten Welt. Alles hier auf dieser Insel ist verbraucht. Die Häuser wurden seit Jahrzehnten nicht mehr gestrichen. Die Straßen sind von Schlaglöchern durchzogen. Menschen mit dunkler Haut in billigen T-Shirts und Plastik-Flip-Flops säumen das Straßenbild.

Doch mitten in dieser heruntergekommenen Atmosphäre stehen ein paar penibel renovierte Kolonialbauten, die als Hotels umfunktioniert wurden. Hier glänzen der polierte Marmor und das edle Holz. Hier hört man Salsa-Klänge aus dem Salon, die von Live-Bands in makellosen Anzügen gespielt werden. In solch einem Hotel komme ich unter. Der Taxifahrer hievt meinen Koffer aus dem 50er-Jahre-Wagen und ein Angestellter in weißem Hemd, schwarzer Weste und Fliege nimmt ihn mit einem makellosen Lächeln entgegen und trägt ihn durch den mit Palmen gesäumten Innenhof über die Marmortreppe in mein Zimmer hinauf.

Nach einer kurzen Rast, stehe ich wieder auf der Straße, hungrig, auf der Suche nach einem guten Restaurant und bereit, für meine erste Nacht in Havanna. Ich spaziere die Calle Obispo entlang, eine der wenigen Straßen, die restauriert wurde, um den alten kolonialen Glanz zurück nach Havanna zu bringen.

Keine hundert Meter kann ich zurücklegen, da spricht mich schon ein Kubaner an. Lyoness, so sein Name, erklärt mir, dass er zertifizierter Touristenführer sei. Dabei deutet er mehrmals stolz auf seinen laminierten Ausweis, der von seiner Brust baumelt. In seinem in Pastellfarben gestreiften Hemd und seiner dunklen Anzugshose, sieht der hagere Kubaner seriös aus. Ich erkläre ihm, dass ich ein Restaurant suche. Und er scheint sofort den perfekten Ort für mich zu wissen. Ein paar Meter weiter die Straße hinunter, steht das Haus, in dem Hemingway untergekommen sein soll. Man hat aus dem Gebäude ein Hotel mit einem kleinen Museum gemacht. Auf der Dachterrasse wurde zusätzlich ein Restaurant eingerichtet. In einem alten, vergitterten Fahrstuhl bringt er mich dort hinauf.

Wir sitzen unter freiem Himmel an einem Tisch. Und während ich meinen Mojito schlürfe und meine Paella esse, erzählt mir Lyoness Geschichten über Kuba. Hier auf Kuba höre man seit langem keine Kirchenglocken mehr. Dafür würde jeden Tag um Punkt 21:00 eine Kanone zu ehren von Che Guevara abgefeuert. Pünktlich um 21:00 hören wir den Kanonenschuss und Lyoness lädt mich auf einen weiteren Cocktail ein, auf einen Daiquiri. Dann holt er eine dicke Zigarre aus seiner Brusttasche heraus und beginnt sie genüsslich zu rauchen. Im Hintergrund spielt eine Liveband Salsa.

Nach dem dritten Cocktail schlägt er vor, in ein Salsa-Lokal zu gehen. Ein Vorschlag, der mich sofort begeistert, da ich nach Kuba gekommen bin, um mein Salsa-Können aufzufrischen. Wir bezahlen die Zeche und begeben uns in freudiger Stimmung mit dem alten Aufzug hinab auf die Straße. Zusammen mit einer Gruppe Franzosen, die wir auf der Straße aufgegabelt haben, starten wir unseren Nachtmarsch hinaus aus dem touristischen »Habana Vieja« hin in das alte, düstere »Central Habana«.

Das Salsalokal sieht grundsätzlich anders aus, als ich es mir vorgestellt habe. Der große, in schwarzen Farben ausgekleidete Innenraum gleicht einer Diskothek, einer lauten, extravaganten Diskothek. Die Lautsprecher liefern dröhnende Musik, in einer Lautstärke, die mich auf die Toilette eilen und meine Ohren mit Toilettenpapier ausstopfen lässt. Trotz dieses künstlichen Schalldämpfers tönt die Musik nur knapp unter meiner persönlichen Schmerzgrenze.

In diesem Lokal sucht man vergeblich nach einer Tanzfläche. Stattdessen sieht man überall Tische und Stühle herumstehen, ganz so, wie man es aus den Mafiafilmen der 70er Jahre kennt. Um diese Tische stehen junge, überstylte Kubanerinnen herum, während die dazugehörigen Patrone lässig in ihren Stühlen lehnen und Zigarren rauchen. Ein unwirklicher Ort.

Um zwei Uhr morgens wird mir mein Schlaf dann doch wichtiger als diese komische Diskothek. Ich sage Lyoness, dass ich heimgehen werde. Verwirrt sieht er mich an. Er versteht nicht, warum ich schon so früh nach Hause gehen möchte. Doch ich verabschiede mich von ihm und sage, dass ich den Weg alleine zum Hotel finde und er ruhig noch hierbleiben kann.

Ich trete auf die Straße und nehme voller Genugtuung das Toilettenpapier aus meinen Ohren. Es ist immer wieder eine Wohltat aus einem stickigen, lauten Nachtclub auf die kühle, ruhige Straße zu treten. Ich biege nach links ab und beginne den Rückmarsch zu meinem Hotel.

Kaum trete ich um die Häuserecke, spricht mich ein Paar an, das, so scheint es, auch auf dem Rückweg ist. Sie ist eine zierliche, kleine Dame, die als Ballerina arbeitet, er ein bulliger Mann mit freundlichen Augen, der als Sicherheitskraft in einem Hotel sein Leben bestreitet. Während wir durch die dunklen Gassen gehen, erzählt sie mir, dass ihre Schwester in Österreich lebt. Wir kommen immer weiter ins Gespräch und sie lädt mich ein, doch morgen in das Lokal, wo sie als Ballerina arbeitet, zum Salsa tanzen zu kommen. Sie möchte mir die Adresse und ihren Namen aufschreiben, doch keiner von uns hat Papier oder einen Stift dabei. Darum machen wir noch einen kleinen Abstecher in eine komische Spelunke um dort etwas zu schreiben zu bekommen.

Ich habe noch nie so ein Lokal gesehen. Ein Betonraum, von dem die blaue Farbe abbröckelt. Ein Satz zusammengewürfelter Holzstühle und -tische bildet das komplette Interieur. Sogar die Bar ist nur ein einsamer Bretterverschlag, auf dem ein paar Rumflaschen herumstehen. Wir bestellen drei Cocktails und etwas zum Schreiben.

Der Wirt, ein Mann mit Brille und einem dicken Bauch, bringt uns die drei Mojitos, dazu eine Serviette und einen stumpfen Bleistift. Auf die Serviette schreibt sie unleserlich ihren Namen und den Namen des Lokals. Ich bedanke mich und sage, dass ich am nächsten Tag vorbeikommen werde, wenn mein Zeitbudget dies zulässt.

Während wir unsere Cocktails schlürfen, reden wir über Kuba und die Sehenswürdigkeiten, die ich unbedingt sehen müsse. Ihr Freund notiert jeden dieser Punkte akribisch mit dem stumpfen Bleistift auf die Hinterseite der Serviette. Schlussendlich kommen sie auf die Zigarren zu sprechen. Zigarren bekommt man in Kuba in Fabriken oder bei den sogenannten »Cooperativas« – kleine Hausläden, die eine bestimmte Menge zu bestimmten Tagen verkaufen dürfen. Da die »Cooperativas« nur einmal im Monat geöffnet hätten, und das ausgerechnet heute sei, wäre es jetzt die Gelegenheit, um noch billig Zigarren zu kaufen. 18CUC die Packung anstatt 100CUC. Da das so extrem günstig ist, ich sowieso Zigarren als Souvenir mitnehmen möchte und ich einige Cocktails getrunken habe, scheinen mir ihr Angebot und ihre Argumentation vernünftig.

Allerdings habe ich nur noch 10CUC in der Tasche. Kein Problem, versichern sie mir. Ich zahle einfach die 10CUC jetzt, sie begleiten mich zu meinem Hotel, wo ich ihnen dann das restliche Geld gebe, das sie dann an den Händler bezahlen. Pedro – der Sicherheitsmann – bürge mit seinem Ausweis inzwischen beim Händler für mich. Ich willige ein und Pedro geht zur »Cooperativa« um die Zigarren zu besorgen. Während er den Deal abwickelt, bedankt sich seine Freundin mehrmals bei mir, denn angeblich würden sie Essensmarken für die verkauften Zigaretten bekommen.

Pedro kommt mit den Zigarren zurück. Wir trinken aus und wollen uns auf den Heimweg machen.

Der Kellner bringt die Rechnung und alle Augen sind auf mich gerichtet. Da wird mir klar, dass sie damit rechnen, dass ich die Zeche im Lokal begleiche. Allerdings habe ich mein letztes Geld Pedro gegeben, um die Anzahlung für die Zigarren zu leisten. Ich erkläre es ihnen, dass ich kein Bargeld mehr habe. Diese Aussage lässt die Stimmung umschlagen. Der Kellner beginnt zu schreien, dass ich lüge, ich habe ja soeben Zigarren um 80CUC bezahlt und soll jetzt kein Geld haben. Pedro springt plötzlich auf und schreit den Kellner an, dass das nicht stimmt; erklärt ihm, dass sie mich zum Hotel begleiten, wo ich ihnen die restlichen 70CUC gebe. Ich werde kreidebleich, da ich merke, dass die Zigarren doch nicht so billig, sondern extrem teuer waren und ich jetzt keine Wahl mehr habe, sondern dafür bezahlen muss. Der Kellner und Pedro schreien sich gegenseitig an und ich rechne schon damit, dass jedem Moment die Holzeinrichtung herumgeworfen wird. Doch plötzlich kommt der Ballerina die rettende Idee: der Wirt soll doch einfach mit zu meinem Hotel kommen, da kann ich dann noch die Zeche für die Cocktails begleichen.

So kommt es, dass der Wirt, der Sicherheitsmann und die Ballerina, gemeinsam mit mir um 3:00 morgens durch Havanna zu meinem Hotel laufen um die restlichen Pesos zu bekommen.

Die Drei warten vor meinem Hotel und ich gehe auf das Zimmer und bringe ihnen das restliche Geld auf die Straße hinunter. Dann setzte ich mich vor meinem Hotelzimmer an den Tisch und ziehe Bilanz. Ohne es richtig zu merken, habe ich innerhalb eines Abends €150 ausgegeben, mit 6 verschiedenen Leuten zusammen Cocktails in 3 Lokalitäten getrunken und als Nichtraucher Zigarren um ca. €80 gekauft. Und ich kann nicht anders als einfach zu lachen. Ich lache über mich und meine Naivität, aber vor allem lache ich über die absurde Kreativität der Kubaner, den Touristen die Pesos aus den Taschen zu ziehen.

Ein Streifzug
HAVANNA 14/5/13

Ich verlasse den alten Kolonialbau durch die Seitentüren. Obwohl es noch Vormittag ist, sticht die karibische Sonne schon vom Himmel. Trotzdem wimmelt es auf der Straße nur so von Menschen. Mulatten in ihren typisch bunten T-Shirts und Flip-Flops aus billigem Plastik. Daneben die dickbäuchigen Touristen mit ihren rosa Kugelköpfen, auf denen Strohhüte thronen.

Die Einheimischen sind arm, sehr arm. Und die Touristen sind verglichen mit ihnen unermesslich reich. So kommt es, dass überall versucht wird, den Touristen ein bisschen Geld aus der Tasche zu locken. Trotzdem sind die Kubaner freundlich und offen, und ihre Kreativität bringt einem richtig zum Schmunzeln.

Einer von den kreativen Kubanern ist der Boogie-Sänger. Mit seiner alten, abgegriffenen Gitarre lauert er am Hauptplatz auf Touristen. Als er mich mit meinem Panama-Hut und meinem weißen Hemd beim Stöbern in einem Buchladen erblickt, kommt er sofort herbeigeeilt. Freundlich stellt er sich als »Boogie-Man« vor und fragt mich nach meinem Namen. In einfachem Englisch antworte ich ihm: »My name is David!« Darauf nimmt er seine Gitarre, beginnt zu spielen und lauthals zu singen. Er singt ein Ständchen auf den Namen »Isdevid«. Die Augen aller am Platz sind auf ihn und auf mich gerichtet. Und sein Ständchen beginnt eine unangenehme Länge anzunehmen. Ich beschließe, den Augen und dem Ständchen zu entfliehen und einfach weiterzugehen. Doch der singende Barde lässt nicht locker und begleitet mich. Nach ein paar Minuten, die sich wie eine Ewigkeit anfühlen, ist der Schrecken schlussendlich vorbei. Ich will ihm kein Geld geben, aber ich lobe ihn für seine Musikkünste. Ein Fehler. Das Lob freut ihn so sehr, dass er lächelnd zu einem nächsten Lied ansetzt.

Um den Barden und den anderen kreativen Kubanern zu entkommen und ein bisschen Ruhe zu finden, biege ich in das Schifffahrtsmuseum ein, das in einem alten Fort untergebracht ist. Hier darf man ein paar Pesos Eintritt bezahlen. So kommt es, dass ich der einzige Besucher innerhalb dieser kühlen Mauern bin. Aber meine Ruhe finde ich hier auch nicht. Prompt nach dem Bezahlen des Eintrittes wird mir eine eigene Aufseherin zugeteilt, die sichtlich erfreut über den einzigen Gast ist. Die Dame mit dem strengen Haarknoten und dem blau-schwarzen Kostüm führt mich von Raum zu Raum, von Vitrine zu Vitrine. Sie erklärt mir von jedem Schaustück die Geschichte, allerdings auf Spanisch. Dabei lässt sie erst locker, wenn ich ein zustimmendes Nicken, ein »Ah« oder ein »Mhm« von mir gehe, denn sie will sicher sein, dass ich auch jede Münze und Kanonenkugel verstehe. Da ich kein Spanisch beherrsche, bleibt die Informationsfülle eher mäßig.

Aber auch ohne Spanischkenntnissen kann ich das kubanische Wahrzeichen besichtigen – die Giraldilla – und ein Foto von ihr machen. Diese zierliche Damenfigur ist weltbekannt, denn man findet sie überall als Plastikstäbchen in seinem Cocktail.

Als ich die angenehme Kühle des Museums verlasse, tritt sofort eine aufgetakelte Matrone auf mich zu. Verziert mit einem karibischen Kopftuch in bunten Farben und mit einer unsäglichen Leibesfülle ausgestattet, will sie von mir gegen eine kleine Geldspende fotografiert werden. Wie eine Krake schlingt sie sich mit ihren dicken Fingern um meinen Arm und lässt mich erst nach einem Kuss auf die Wange wieder weiterziehen.

Aber die Ruhe währt nicht lange. Zwei alte Männer kommen auf mich zu und wollen gegen eine Spende fotografiert werden. Einen von ihnen, den zahnlosen lächelnden alten Mann, lichte ich tatsächlich ab. Dem anderen, der unsagbar aufdringlich ist, gebe ich eine Euro-Münze. Er sieht sie verwundert an, bedankt sich und steckt sie ein. (Wie durch ein Wunder findet die Münze am nächsten Tag ihren Weg zurück zu mir und will gewechselt werden).

Der nächste Schlepper naht sich mir. Ein Mann im mittleren Alter, der mir Zigarren verkaufen will. Doch David hat inzwischen gelernt. Statt ihm Zigarren abzukaufen, bringe ich ihn dazu mir zu helfen. Will man nämlich von Kuba aus telefonieren, muss man sich eine spezielle internationale Telefonkarte kaufen. Die gibt es nur im nationalen Postamt. Dieses vorbildliche, kommunistische Amt ist der reine bürokratische Horror. Ein grantiger Schalterbeamter öffnet für Millisekunden die Türe um einen Auserwählten aus der endlosen Schlange einzulassen, manchmal zumindest. Oft öffnet er die Türe gar nicht.

Darum versuche ich den Schlepper dazu zu bringen, mir so eine Karte zu kaufen. Er stellt sich geschickt an. Gewandt drängelt er sich durch die wartende Masse zu der Türe vor. Als ein Auserwählter eintreten darf, gibt er diesem schnell die 5CUC von mir und bittet ihn so eine Karte zu kaufen. Die Masse murrt. Aber nach ein paar Minuten habe ich eine Karte in der Hand. Nur nützt mir diese Karte nichts. Mein lieber kubanischer Schlepperfreund hat mir einen Ladebon für ein kubanisches Wertkartenhandy besorgt.

Ich gebe den Versuch auf, an eine Telefonkarte zu bekommen. Stattdessen versuche ich nun mein Glück im Hotel. Dort soll es auch ein Telefon geben. Die Dame an der Rezeption reicht mir einen blank polieren schwarzen Telefonapparat, der aus einem Museum stammen könnte. So stehe ich in an der marmornen Theke unter dem alten Ventilator und versuche nach Europa zu telefonieren. Doch es funktioniert nicht. Die Dame meint, es könnte vielleicht morgen klappen. Ich gebe das Telefonieren komplett auf.

Zum Abendessen kehre ich in ein Restaurant in einer kleinen Seitenstraße ein. Dieses Restaurant wird von der einzigen kubanischen Touristenfirma – Habaguanex – gemanagt. Alle Restaurants und Hotels, die von dieser Firma betreut werden, bieten einen guten Service und einen verlässlichen Preis. Die Arbeitsplätze hier sind sehr begehrt, da man als Angestellter im Tourismus an einem Tag oftmals mehr Trinkgeld bekommt, als man in einem Monat verdient. Entsprechend hart ist es, hier eine Stelle zu bekommen. Möchte man hier eine Anstellung finden, muss man Tourismus studiert haben. Das Studium beinhaltet neben einer intensiven Beschäftigung mit der europäischen Kultur auch die Bedingung vier Fremdsprachen fließend zu sprechen. Kellner, die vier Fremdsprachen sprechen! Und das in einem Land, das von der westlichen Welt als Dritte Welt eingestuft wird.

Zwei der Kellner gesellen sich zu mir an den Tisch. Der jüngere von beiden, José, spricht fließend Deutsch und freut sich darüber, dass er jemanden gefunden hat, mit dem er sein Deutsch üben kann. Ich schlage ihm vor, dass er mir morgen das nichttouristische Kuba zeigt, und ich dafür mit ihm Deutsch übe. Er ist einverstanden. Und ich freue mich, endlich in das wirkliche Havanna eingeweiht zu werden. José muss sich wieder an die Arbeit machen und ich genieße mein Essen.

Ein bisschen später bekomme ich meinen Kaffee. Da sehe ich vier kleine Jungen, die in der Gasse unermüdlich Baseball spielen. Sie haben keine Ausrüstung. Doch mit der typisch kubanischen Kreativität haben sie ein einfaches Brettchen als Schläger und die Deckel von vier Plastikflaschen zu Bällen umfunktioniert. Da frage ich mich, ob europäische Kinder so etwas überhaupt noch können, oder ob ihnen bereits die Kreativität fehlt, solche Spiele zu improvisieren. Kuba ist anders. Kuba kann viel vom Westen lernen. Aber der Westen kann auch einiges von Kuba lernen.

José

Ich warte in der Lobby von meinem Hotel auf José. Punkt 16:00 erscheint er, wie vereinbart. José ist 23 Jahre alt, spricht fließend Deutsch und studiert Tourismus. Der agile junge Kubaner will mir heute das nicht-touristische Havanna zeigen. Und die erste Lektion ist, dass er nicht raucht und keinen Salsa tanzen kann – wie übrigens die meisten Kubaner.

Mit einem alten Klappertaxi wollen wir aus dem touristischen Stadtzentrum wegfahren. Das alte Auto aus den Sechzigern hat schon bessere Tage gesehen. Von Hand wurde es in blauer Farbe gestrichen, innen hängt die braune Lederdecke durch und die Fenster lassen sich nicht mehr schließen. Dafür ist die Sitzplatzkapazität von diesem Oldtimer-PKW enorm. Am Beifahrerplatz finden zwei Personen ihre Sitzgelegenheit. Und auf die Rückbank passen ebenfalls vier Leute, oder fünf, je nach Körperfülle. Leider will das Taxi nicht anspringen. Der Fahrer flucht, steigt aus und öffnet die Motorhaube. In dem Moment steckt schon ein anderer findiger Kubaner seinen Kopf durch das offene Beifahrerfenster hinein und sagt, dass sein Auto fahrtüchtig wäre und auch noch Platz für uns habe. Ehe es der fluchende Fahrer, der im Motorraum seines blauen Wagens verschwunden war, richtig bemerkte, sind seine Fahrgäste, inklusive uns beiden, schon im anderen Taxi quer durch die Stadt unterwegs.

Als erstes bringt mich José zu seiner Sprachschule. Wir steigen das alte Stiegenhaus hinauf. Ein schmaler Gang, dessen abgeblätterte Farbe nur noch zu erahnen ist, führt uns an kleinen Klassenzimmern vorbei. Über eine Bretterbrücke müssen wir in das Nachbargebäude klettern. Dort findet in einem kleinen Unterrichtsraum der Deutschunterricht statt. Eine Kubanerin versucht, vier jungen Burschen die deutsche Sprache näher zu bringen. Es ist lustig, als Muttersprachler am anderen Ende der Welt in so einer Klasse zu sitzen und der kubanischen Variante von Deutsch zu lauschen.

Danach zeigt mir José den berühmten Malecon, einen grauen Steifen Beton, eingeklemmt zwischen einer vierspurigen Straße und dem peitschenden Meer. Wir spazieren diese berühmten Meerpromenade entlang und nähern uns der US-amerikanischen Botschaft. Das Gebäude selber ist nicht bedeutend. Das Besondere findet sich auf dem Platz davor. An diesem Platz findet jedes Jahr die Rede des kubanischen Präsidenten an sein Volk statt. Da sich genau hinter der Redetribüne die amerikanische Botschaft in das Blickfeld drängt, haben sich die US-Amerikaner gedacht, man könnte doch die Botschaft exzessiv mit amerikanischen Fahnen schmücken, damit jeder Kubaner, der die Übertragung der Rede im TV sieht, auch die Flagge mit den Sternen und den Streifen bewundern darf. Das schmeckt den Kubanern nicht besonders. Findig, wie sie sind, haben sie deswegen einen regelrechten Fahnenmasten-Wald zwischen der Botschaft und der Redetribüne aufgestellt. An diesen unzähligen Masten wird einfach das kubanische Banner gehisst, wenn der Präsident redet. Und gleichzeitig dürfen die Botschafter jeden Tag ihre Aussicht von unzähligen Fahnen und Masten verstellt wissen. Das ist die Ironie des Schicksals.

Als wir zu einem Mojito in eine Bar einkehren, beginnt José über Kuba zu erzählen. Das gedämpfte Licht, die dunklen Holzdielen und der Cocktail lassen ihn Dinge erzählen, die man auf offener Straße nicht sagen würde.

José berichtet über die zwei Gesichter des kommunistischen Kuba. Das schöne, angenehme Gesicht sei das kostenfreie Wohnen, die kostenfreie Bildung, die freie medizinische Versorgung und das Leben ohne Stress. Das düstere Gesicht ist der permanente Mangel an guter Nahrung, an Kleidung, an Reisefreiheit und an Luxus. Unter Raúl Castro sei vieles besser geworden. Man kann sich jetzt ein Mobiltelefon kaufen. Kleine Unternehmen dürfen gegründet werden. Und man kann sogar in ein anderes Land reisen, wenn man eine Einladung bekommt.

175

Rassismus und Religion seien auf Kuba kein Problem, denn die Leute haben viel zu viele gemeinsame Probleme, die sie vereinen. Eines davon ist die Sehnsucht, auszuwandern. Es gibt ein US-amerikanisches Gesetz, das jeden Kubaner zu einem US-Staatsbürger macht, sobald er den Boden der USA berührt. Daher versuchen jedes Jahr hunderte Glückssuchende auf selbst gebastelten Booten nach Florida zu kommen und ertrinken dabei.

In seinen Augen sind auch die beiden Währungen ein Problem. Es gibt Kubanische Pesos und konvertible Pesos. 1 konvertibler Peso (CUC) entspricht 25 kubanischen Pesos (CUP). Die Theorie besagt, dass ein Tourist nur mit konvertiblen Pesos und ein Kubaner nur mit kubanischen Pesos in Kontakt kommt. Das Leben in CUC-Kuba ist einfach. Das Leben in CUP-Kuba ist sehr kompliziert. Hat man CUC, bekommt man alles: Handys, importierte Autos, Fleisch, gute Kleidung. Hat man jedoch nur CUP, bekommt man vieles nur schwierig und nach langem Warten und manches gar nicht. Ein guter Monatslohn eines Arztes oder Lehrers liegt bei 300CUP, umgerechnet 12CUC. Darum läuft die Jagd auf CUC. Für einen Touristen ist 1CUC – oder $1 – nicht sehr viel Geld, für einen Kubaner sind das zwei Tagelöhne. Daher läuft sehr viel »unter Hand«, wie es José ausdrückt; Rum, Zigarren, Sex, alles, was man irgendwie zu CUC machen kann, wird versucht, an die Touristen zu verkaufen, um ein paar konvertible Pesos und damit ein leichteres Leben zu bekommen. José hat Glück. In der Tourismusbranche hat er einen guten Job mit viel Trinkgeld. An einem guten Tag bekommt er mehr Trinkgeld, als er in einem Monat an Lohn bekommt. Außerdem hat er dort seine Freundin kennengelernt, die aus der Schweiz kommt. Sie hat ihn eingeladen. Daher wird er in ein paar Monaten in die Schweiz reisen. Sein erster Auslandsaufenthalt.

Nach einem langen Gespräch sagt José, dass er nach Hause sollte, da er am nächsten Tag wieder arbeiten müsse. Wir finden wieder ein altes Auto, das uns zurückbringt. Alle Fenster sind geöffnet, die Musik dröhnt auf maximaler Lautstärke und auf der Rückbank haben zwei alte Kubanerinnen in bunten Kleidern und karibischen Kopftüchern Platz gefunden. So tuckern wir in dem alten Taxi wieder in das touristische Kuba zurück.

Das Busterminal
JERUSALEM 1/7/13

Leicht übernächtig sitzen wir im klimatisierten Bus. Die Landschaft hat sich verändert, sie wurde steiniger und steiler. Unser Bus klettert schnaufend die Wüstenstraße in die Berggegend von Judäa hinauf. Ein blaues Schild steht in der gleißenden Wüstensonne und weist in weißen Lettern des hebräischen Alphabetes auf Jerusalem hin, und dass es noch 20km bis dorthin seien. Die Namen hier in diesem Land klingen so bedeutungsschwer: Jerusalem, Nazareth, Betlehem. Die Bilder, die im Kopf entstehen, beinhalten normalerweise Kamelkarawanen und keine Reisebusse. Doch die Realität sieht anders aus.

Wir kommen am Busterminal an. Das gesamte Terminal wimmelt nur so von Soldaten. Auch diese sind anders als in der Vorstellung. Sie tragen keine römische Rüstung, sondern einen modernen Kampfanzug in Tarnfarben und ein Maschinengewehr. Die meisten Soldaten sind knappe 18 Jahre alt. Darum haben sie das Gewehr gesichert am Rücken, während sie in der Hand ihr iPhone halten, mit dem sie gerade Bilder hochladen und den Status ihrer Freunde checken.

Will man das Busterminal betreten, wird man von einer Wachperson durchsucht und durch einen Me-

talldetektor gejagt. Auch das Gepäck wird durch-
leuchtet. Alle werden so geprüft. Sogar die jungen
Soldaten. Sie legen brav ihr Maschinengewehr und
die Munition auf das Förderband, gehen durch den
Metalldetektor und nehmen ihr Gewehr und die Munition wieder in die Hand, während sich die Sicher-
heitskräfte freundlich von ihnen verabschieden. Ich
versuche gerade die Logik hinter dieser Sicherheits-
überprüfung zu verstehen, doch sie bleibt mir verschlossen.

Hier, im religiösen Jerusalem ist alles anders als im
flippigen Tel Aviv, sogar das Essen. Überall stehen
Schilder, die auf koscheres Essen hinweisen. Koscher
bedeutet, dass das Tier geschächtet und ausgeblutet
wurde, dass kein Schweinefleisch verwendet wird
und gleichzeitig auch, dass in einer Küche entweder
nur Fleisch oder nur Milchprodukte gekocht werden.
Dieses Gebot geht auf eine lustige Interpretation eines Bibelverses zurück, den niemand so genau versteht: »Du sollst das Böckchen nicht in der Milch seiner Mutter kochen.« Christen verstehen darunter, dass
man als gläubiger Mensch keine komischen, heidni-
schen Bräuche nachmachen sollte. Juden verstehen
darunter, dass man als gläubiger Mensch zwei Küchen in seinem Haus haben muss: eine für Fleisch
und eine für Milchprodukte.

Im Busterminal befindet sich ein koscheres Mc-
Donalds. Hier wurde die komplette rote Farbe aus

179

dem Logo, den Verpackungen und der Ausstattung gestrichen und durch ein Blau ersetzt um darauf hinzuweisen, dass es hier koscheres Essen gibt. Man findet seine Chicken-Nuggets, seinen Hamburger, seinen Fischburger, aber man findet keinen Cheese-Burger. Wir besorgen uns ein koscheres Menü um unseren Hunger zu stillen bevor wir uns auf den Weg nach En Gedi machen.

Das Ticket für die Fahrt bezahlt man bequem beim Einsteigen in den Bus. Aber auch das läuft hier anders als im modernen Tel Aviv. Kauft ein Mann das Ticket, nimmt der Busfahrer das Geld und drückt ihm das Ticket in die Hand. Kauft eine Frau das Ticket, muss sie das Geld in eine kleine Schale legen und der Busfahrer steckt das Ticket in einen eigenen Halteclip.

Die Fahrt geht aus der Stadt hinaus. Ohne es zu merken, befinden wir uns im Westjordanland, dem besetzten palästinensischen Gebiet. Die Landschaft verändert sich. Das letzte Grün weicht verschiedenen Brauntönen und die kärglichen Pflanzen weichen Steinen. Kamele und kleine Barracken ersetzen die Häuser. Die Realität passt sich unserer Vorstellung an. Ein Wegweiser zeigt uns, dass wir uns bereits unter Normalnull befinden und uns weiter hinab begeben und dem Toten Meer annähern, dem tiefsten Punkt auf der Erde, der nicht vom Meer bedeckt ist. Unsere Wasserflaschen krümmen sich zusammen, die Ohren knacksen.

Dann kommen wir schließlich an, im Nirgendwo. Der Busfahrer lässt uns aussteigen. Die Sonne sticht vom Himmel. Östlich von uns ist, das trostlose Tote Meer, im Westen sind Felsen, die das judäische Hochland andeuten. Auf der Suche nach unserer Herberge schlendern wir die heiße Wüstenstraße entlang, hinein ins Nichts.

Zimmer teilen
EN GEDI 1/7/13

Erschöpft kehren wir vom Schwimmen im Toten Meer zurück. Die Sonne senkt sich über der Wüste und die unerträgliche Temperatur macht Platz für ein angenehmeres Klima. Die Gegend hier ist trostlos. Soweit das Auge reicht, sieht man nur Brauntöne: das Braun der judäischen Hochebene; das Braun der Steine; das Braun des Sandes. Die einzige Abwechslung zu den braunen Farbschattierungen bietet das trostlose Grau-Blau des Toten Meeres. Wir spazieren die Asphaltstraße entlang zurück zu unserer Herberge.

Müde nehmen wir die Abzweigung von der Asphaltstraße und steigen den steilen Weg hinauf zu dem massiven Sicherheitstor, das den Eingang zu dem Areal unserer Herberge beschützt. Dieses Eisentor ist mit Kamera und Gegensprechanlage gesichert. Nachdem wir uns als Gäste ausgewiesen haben, wird uns das Tor geöffnet, und wir können den steilen Weg weiter hinaufsteigen, hinauf zu den Reihenhäusern, in denen die Zimmer untergebracht sind.

Wir sperren die Türe zu unserem Vierbettzimmer auf. Als wir ankamen, waren nur wir beide in diesem Zimmer untergebracht. Doch jetzt sehen wir sofort, dass wir zu dritt sind. An der Garderobe hängen ein schwarzer Mantel und ein schwarzer Hut. Im eisigen Zimmer liegt ein riesiger Koffer, geöffnet. Die Klimaanlage surrt auf Hochtouren. Doch niemand ist zu sehen. Ich schalte die Klimaanlage ab, öffne die Balkontüre und hänge meine nassen Schwimmsachen über die dicken Stangen des Balkongeländers um sie zu trocknen.

Als ich wieder zurück ins Zimmer gehen möchte, höre ich wie die Eingangstüre geöffnet wird und jemand eintritt. Patric und ich sehen uns gegenseitig an, beide in der verwunderten Erwartung, wer wohl der mysteriöse, tiefgekühlte Zimmergenosse mit den schwarzen Sachen sei.

Er betritt den Raum. Eine interessante, unerwartete Gestalt. Bekleidet mit einer kurzen Hose, einem weißen T-Shirt und braunen Flip-Flops steht er vor uns. Doch das besondere sind die beiden anderen Kleidungsstücke. Über seinem T-Shirt trägt er eine weiße, wollene Decke, in die ein Loch für den Kopf geschnitten wurde. Und auf seinem Kopf trägt er eine Kippa, die links und rechts von zwei rothaarigen Locken gesäumt wird.

Wir stellen uns vor und reden miteinander. Er erklärt uns, dass er wegen seines Hautausschlages zum Toten Meer gekommen sei. Denn das Baden im Salzwasser soll Wunder wirken. Wir pflegen noch ein bisschen Smalltalk und verabschieden uns dann, denn das Abendessen ruft nach Patric und mir.

Nach einem exotischen Abendessen und einem philosophischen Gespräch mit ein paar Bier am Flachdach, kommen wir in unser Zimmer zurück. Das Zimmer ist wiederum arktisch kalt. Unser Zimmergenosse schläft. So leise wie es geht, machen wir uns auf dem Weg zu unseren Betten. Über mir strömt die kalte Luft aus der Klimaanlage. Ich schalte die Klimaanlage ab, drehe mich um und schlafe ein.

Ein paar Stunden später, werde ich von einer Gestalt geweckt, die schnaufend durch das dunkle Zimmer tappt. Es ist unser dritter Mann, der auf der Suche nach dem Schalter für die Klimaanlage ist. Jetzt, als das Zimmer endlich eine normale Temperatur erreicht hat, scheint er fast den Hitzetod zu sterben. Schnipp. Die Klimaanlage verströmt wieder kalte Luft, halb verschlafen drehe ich mich um und schlafe wieder ein. Doch nach einiger Zeit wache ich fröstelnd wieder aus dem Schlaf auf und schalte die Klimaanlage wieder aus.

Das Ein- und Ausschalten wiederholt sich noch ein oder zweimal, bis dann am Morgen ein ausgeschlafener Patric und zwei missmutige Gesellen in unserem Zimmer aufwachen. Es herrscht eine gedämpfte Stimmung. Ich öffne den Vorhang. Und als mein Blick auf den leidenden, schwitzenden Mitbewohner fällt, beginnen wir über die Klimaanlage und die Temperatur zu reden. Der erschöpfte Genosse richtet seine Kippa und klettert aus dem Bett, immer noch in seinen Wollüberwurf gekleidet. Da beginnt er zu erzählen, dass er, als orthodoxer Jude, bestimmte Kleidervorschriften zu beachten hat. Dazu gehören, neben den farblosen Farbtönen, die seine Kleidung bestimmen, auch die Kippa und das Tallit Katan, der Wollüberwurf. Das Tallit Katan ist die alltägliche Variante des Gebetsschales. Dieses Tallit besteht aus einem viereckigen Tuch aus Wolle, Baumwolle oder Seide. An den vier Enden sind jeweils vier lange Fransen angebunden. Diese Fransen gehen auf ein biblisches Gebot zurück, das den Israeliten vorschrieb, Fransen an ihrer Kleidung anzubringen. Immer wenn sie diese Fransen sehen, sollten sie sich an die göttlichen Gebote erinnern. Dieses Gebot wurde vor langer Zeit an Wüstenbewohner gegeben. Keiner weiß genau, wie sie diese Kleidervorschrift umgesetzt haben. Die Kleidung der heutigen orthodoxen Juden hat jedoch wenig damit zu tun. Ihre Kleidung, der schwarze Mantel und der schwarze Hut, ist klassische osteuropäische Tracht aus dem späten 19. Jahrhundert. Allerdings ist diese Tracht für die kalten Temperaturen im östlichen Europa ausgelegt. Für die palästinensische Wüste ist sie weniger geeignet. Da der Zimmergenosse brav den Bekleidungsvorschriften folgend, auch während des Schlafes sein wollenes Tallit Katan über seinem T-Shirt trug, kam ihm das Zimmer entsprechend warm vor. So können kleine Unterschiede in der Tradition eine große Auswirkung auf das Wohlbefinden haben, wenn man interkulturell einen Raum teilen muss.

Die spinnen, die Römer

MASADA 2/7/13

Mit einem Ticket in der Hand, das niemand sehen will, steigen wir den Schlangenpfad hinauf. Man könnte auch die Seilbahn nehmen, doch zwei Tiroler werden doch nicht von einem kleinen Hügel mit seinen knappen 400m abgeschreckt. Die Höhenmeter sind kein Problem, aber die Wüstensonne lässt den Aufstieg etwas schweißtreibend werden. Doch nach 45 Minuten kommen wir bei der legendären Wüstenfestung Masada an.

Herodes der Große ließ hier im ersten Jahrhundert v.u.Z. einen Palast und eine Festung erbauen; mitten in der Wüste auf einem einsamen Felsplateau. Durch ein trickreiches Bewässerungssystem, bei dem Aquädukte den spärlichen Regen aus der Berggegend auffingen und ihn zu Zisternen in der Festung lieferten, konnte diese Wüstenfestung Monate ohne frischem Regen überleben und dabei trotzdem ihr eigenes Getreide und Gemüse anbauen, sowie einen blühenden Garten für die Freude der Palastbewohner am Leben erhalten.

Im ersten Jahrhundert u.Z. rebellierten die Bewohner der römischen Provinz Judäa gegen die römische Besatzung. Rom sandte seine Legionen nach Judäa um den Aufstand niederzuschlagen. Masada wurde die letzte Bastion der Rebellen. Obwohl die judäischen Freiheitskämpfer in kurzer Zeit eine kleine Gruppe kämpferischer Männer in einer einsamen Wüstenfestung zusammengeschrumpft waren, konnte Rom diese nicht einfach ignorieren, denn hier geht es um das Prinzip, um die Ehre und Achtung vor dem römischen Imperium. So kam es, dass 73 u. Z. die 10. Legion samt tausenden Hilfssoldaten in die Wüste gesandt wurde, um die Festung einzunehmen und den letzten Rest der Rebellion niederzuschlagen. Die Römer bauten kurzerhand eine Mauer um den Berg. Eine Mauer! Mitten in der Wüste. Doch den Belagerten war das relativ gleichgültig, da sie Wasser und Nahrung direkt auf ihrer Festung hatten. Wie lange die Belagerung andauerte, kann keiner genau sagen. Manche sprechen von Monaten, andere von Jahren. Irgendwann wurde es den Römern jedenfalls zu bunt. Sie beschlossen kurzerhand, eine Rampe auf den vierhundert Meter hohen Berg zu bauen um die Festung stürmen zu können. Die Rampe wurde gebaut. Und die Römer durchbrachen so die Mauern von Masada. Bis auf zwei Überlebende in einer Zisterne waren alle tot. Die Überlebenden berichteten, dass die Rebellen, als sie Tag für Tag die römische Rampe wachsen sahen, zu dem Entschluss kamen die Römer auf keinem Fall gewinnen zu lassen, indem sie einfach kollektiven Selbstmord begehen.

Wir lesen eine Inschrift auf einer Schautafel: »Was ist dein Masada?« Und ich frage mich, was damit wohl gemeint sein sollte. Steht Masada als Sinnbild für Sturheit, die bis in den Tod führt? Oder ist Masada ein Symbol für das Verrichten von sinnlosen Arbeiten an einem trostlosen Ort, wie das Bauen einer Mauer in der Wüste? Oder geht es um Idealismus und Prinzipientreue, so wie zwei verrückte Tiroler, die in der Wüste einen Berg hinaufklettern, obwohl es eine bequeme Seilbahn gibt?

Grenzgang
EILAT/AQABA 2/7/13

Ein Taxi bringt uns zum Yitzhak-Rabin Grenzübergang. Ganz im Süden grenzt Israel an ein winziges
Stückchen vom Roten Meer. An diesem kleinen Küstenabschnitt wurde eine Stadt, Eilat, erbaut und von
dort kann man zu Fuß in die einzigen beiden Nach-
barländer von Israel einreisen, die sich (momentan)
nicht im Kriegszustand mit Israel befinden: Ägypten
und Jordanien.

Der Yitzhak-Rabin Grenzübergang führt uns nach
Aqaba in Jordanien. Aqaba ist das jordanische Pen-
dant zu Eilat. Denn auch Jordanien besitzt nur einen
winzigen Küstenabschnitt des Roten Meeres und
auch hier musste eine Stadt gebaut werden, um einen
Marinestützpunkt zu sichern.

Wir steigen aus dem Taxi aus. Die Sonne hat den
Zenit überschritten und zusammen mit einer leichten
Brise formt sie ein angenehm warmes Nachtmittags-
klima. Das Areal ist militärisch. Soldaten, Stachel-
drahtzäune, Wachttürme und Suchscheinwerfer bestimmen das Bild. Patric mit seinem kleinen Koffer
und ich mit meinem roten Rucksack sind alleine. Au-
ßer uns ist weit und breit niemand zu sehen, der diese Grenze überqueren möchte.

Ein großes Schild beschreibt in Hebräisch, Arabisch und Englisch die drei Schritte, die für einen Grenzgang zu erledigen sind: 1. Geld wechseln. 2. Zollabwicklung. 3. Die Grenze überqueren. Es klingt relativ einfach, doch es stellt sich als komplizierter heraus.

Wir gehen zu dem kleinen weißen Holzhäuschen, das mit der Ziffer Eins und der Bezeichnung »Change« beschildert ist. Ich klopfe an die Scheibe, hinter der eine mürrische, schweigsame junge Israeli in Uniform sitzt. Ich schiebe ihr meine restlichen Schekel durch den kleinen Schlitz in der Glasscheibe hinein, den sie öffnet. Sie zählt mein Geld, tippt etwas auf einem Taschenrechner und hält mir den Taschenrechner an die Scheibe. Ich nicke. Darauf schiebt sie mir die berechnete Summe an jordanischen Dinare durch die kleine Öffnung zurück. Nachdem auch Patric sein Geld gewechselt hat, schließt sie die Scheibe und lenkt ihre Aufmerksamkeit wieder auf ihre Fingernägel.

Wir gehen weiter zum Schalter Nummer Zwei, der ein paar Meter weiter in einem weiteren weißen Holzhäuschen untergebracht ist. Wir reichen der Dame unsere Reisepässe. Und ihre fordernde Handbewegung zeigt an, dass sie noch etwas möchte. Verwundert fragen wir, was noch fehlt. Sie antwortet, dass sie die Belege für die Transfer-Gebühr sehen müsse. Wo können wir diese Gebühr bezahlen, fragen wir sie. Sie reicht uns die Pässe zurück und deutet auf Häuschen Nummer Eins, während sie die kleine Öffnung wieder verschließt.

Leicht genervt gehen wir wieder zurück zu der mürrischen Dame in dem ersten Häuschen. Wir sagen, dass wir die Transfer-Gebühr bezahlen möchten. Sie nickt. Und nennt uns den Preis in israelischen Schekel. Ich sage, dass wir in jordanischen Dinar bezahlen werden, da wir alle unsere Schekel vor ein paar Minuten bei ihr Dinare gewechselt haben. Sie sieht mich verärgert an und sagt, dass sie nur Schekel akzeptiere. Mehrmals atme ich langsam ein und wieder aus. Dann lege ich meine Dinare auf den Tisch und lasse sie in Schekel wechseln. Die Dame tippt wieder auf dem Taschenrechner herum und schiebt mir dann die Schekel durch den Schlitz. Wir bezahlen die beiden Transit-Gebühren und bekommen den Beleg. Dann schiebe ich ihr wieder die Schekel durch den Schlitz, die sie nach dem üblichen Tippen wieder in Dinare umwechselt.

Genau in dem Moment, wo sie mir den Geldstapel durch den Schlitz schiebt, kommt ein Windstoß und weht die Scheine davon. Patric und ich laufen über den leeren Platz und versuchen die Geldscheine wieder einzufangen. Währenddessen sieht uns die genervte Schalterdame zu und schließt mürrisch den Schlitz an der Glasscheibe. Ich kann sie gut verstehen. Es muss schon sehr nervend sein, wenn jeden

Tag ein oder zwei Leute kommen und einem beim Nagellackieren unterbrechen und dann noch verlangen, dass man die Arbeit machen sollte, für die man angestellt wurde.

Zurück beim zweiten Schalterhäuschen bekommen wir unseren Stempel auf den Beleg und dürfen weiter zum Grenzübergang gehen.

Der Grenzübergang ist ein kleiner überdachter Platz mit einer Türe im Drahtzaun. Hier stehen drei junge, israelische Soldaten in voller Bewaffnung. Einer von ihnen überprüft unsere Reisepässe, dann nimmt er ein Funkgerät und spricht etwas auf Arabisch. Als er eine arabische Antwort bekommt, öffnet er uns die Türe und greift zu seinem Feldstecher.

Patric und ich treten durch die Türe in das Niemandsland hinaus. Der Weg zur jordanischen Grenze wird an beiden Seiten von hohen Drahtzäunen mit Stacheldraht als Abschluss gesäumt. Gute hundert Meter marschieren wir in diesem Korridor über einen alten Betonbelag unter der sinkenden Wüstensonne. Hinter uns stehen drei Soldaten, die uns mit ihren Ferngläsern genau beobachten. Vor uns stehen zwei jordanische Soldaten, die uns ebenfalls mit ihren Feldstechern verfolgen und nicht aus den Augen lassen.

Auf jordanischer Seite gibt es keine hohen Drahtzäune mit kleinen Türen, hier steht ein einfaches Wächterhäuschen mit zwei gesenkten Schlagbäumen.

Ein jordanischer Soldat, der im Schatten des Wächterhäuschens steht, begrüßt uns auf Arabisch und schüttelt uns die Hand, als wir näher kommen.

Auch auf jordanischer Seite steht ein Schalterhäuschen, bei dem man seinen Einreisestempel bekommt. Wir gehen dorthin. Doch in dem kleinen Haus ist niemand anzutreffen. Vor dem Haus sitzen drei Männer auf einer Bank und reden miteinander. Sie sehen uns kommen, begrüßen uns kurz und führen ihr Gespräch fort. Wir setzen uns auf die benachbarte Bank. Nach ein paar Minuten steht einer der drei Männer langsam von der Bank auf, betritt das Schalterhäuschen und winkt uns zu sich. Er studiert unsere Pässe, lässt den Stempel darauf niederfahren und gibt uns die Pässe wieder zurück. Ein paar Meter weiter kontrolliert nochmals eine Gruppe von Soldaten die Stempel in unseren Reisepässen und winkt uns anschließend durch.

Wir können keine 20 Meter laufen, als schon eine Gruppe von verschiedenen Taxifahrern zu uns gelaufen kommt und uns umringt. Jeder der Männer versucht, uns zu überteuerten Preisen in die Stadt zu bringen. Das laute Diskutieren und Verhandeln macht uns deutlich, dass wir in Jordanien – und damit im richtigen arabischen Orient – angekommen sind.

Beim Frisör

Ein metallenes Gestell mit nassen Handtüchern zeigt mir, dass ich an der richtigen Adresse angekommen bin. Auch wenn ich als Rucksacktourist im Orient unterwegs bin, kann es nicht schaden, sich alle paar Wochen einmal die Haare schneiden und den Bart abrasieren zu lassen. Ich schiebe die Glastür nach innen auf. Ein klingelndes Glöckchen kündet mein Eintreten an. Die beiden Frisöre sind gerade in ihre Arbeit vertieft. Einer der beiden deutet auf eine Bank, auf der ich inzwischen warten sollte.

Ich setzte mich nieder und beobachte den kleinen Raum. Drei Mal fünf Meter, mehr dürfte er nicht haben. Zwei Spiegel, mit Frisierstühlen davor, ein kleines Waschbecken an der Seitenwand, ein Sofa auf der Seite und ein kleiner Verschlag, in dem die Toilette sein dürfte. Doch das alles beherrschende Element in diesem Raum ist der Fernseher, der an der Decke nahe der Eingangstüre hängt und lärmend den ganzen Raum beschallt. Ein weiterer Kunde nimmt neben mir auf der Bank Platz. Wir beginnen zu reden. Er ist Ägypter. Viele Ägypter kommen nach Jordanien, um zu arbeiten. Die Löhne in Jordanien sind höher als in Ägypten und es ist nur eine halbe Stunde mit dem Schiff um von Taba in Ägypten hierher nach Aqaba, in die Stadt von Sindbad dem Seefahrer, zu kommen. Außerdem bleibt immer noch die Hoffnung, die Grenze, die nur ein paar Kilometer südlich von Aqaba liegt, zu überschreiten und in dem gelobten Land Saudi-Arabien eine Anstellung zu finden. Dem gemeinsam gesprochenen Arabisch sei für diese Möglichkeit gedankt.

Doch heute nimmt der Fernseher die Aufmerksamkeit der Ägypter mehr ein als alles andere. Seit einigen Stunden stehen die Menschen in Ägypten wieder auf der Straße und wollen Mursi, den gewählten Präsidenten, stürzen, der nach dem Putsch an Mubarak an die Macht gekommen ist. Die Lager sind gespalten.

Der Frisör winkt mir zu, dass ich an der Reihe bin. Ich stehe auf und gehe zu dem mir gewiesenen Frisierstuhl. Dabei fällt mir auf, dass ich der einzige Europäer in diesem Raum voller arabischer Männer bin. Mit Mühe und Not, erkläre ich dem Frisör welche Frisur ich gerne hätte. Er scheint verstanden zu haben, was ich gerne möchte. So macht er sich an die Arbeit.

Am Nachbarstuhl sitzt ein bärtiger arabischer Mann, dem der zweite Frisör gerade die Haare schneidet. Plötzlich fängt dieser Mann an lautstark mit meinem Frisör zu reden. Mein Frisör sieht mich beschwichtigend an, doch der Mann am Nachbarstuhl wird immer lauter. Seine dunklen Augen starren

in meine Richtung. Mit energischen Handbewegun-
gen deutet er zu mir hinüber und schreit meinen Frisör an. Ich wundere mich, was mit diesem Mann los
ist. Stört es ihn, dass ein Ausländer zugleich mit ihm
frisiert wird? Er macht den Eindruck als würde er jeden Moment in die Luft gehen und mich anspringen.
Ich wende meinen Blick auf den Spiegel. Da muss er
meine Verwirrung bemerkt haben. Denn plötzlich
sagt er in perfektem Englisch: »Es tut mir sehr leid,
falls wir dich erschreckt haben. Aber wir diskutieren
gerade über den Fernsehbericht. Wir beide sind
Ägypter und ich bin der Meinung, dass man einen
Präsidenten der gewählt wurde, nicht einfach Stürzen
darf, wenn man nicht zufrieden ist, mit dem, was er
macht. Man muss warten, bis die nächste Wahl
kommt, dann kann man ihn abwählen. Alles andere
untergräbt das Prinzip der Demokratie und Wahlfrei-
heit eines Landes.«

Da drehe ich mich zur Seite und mir wird schlagartig klar, dass seine Gestik und Blicke in meine Richtung nicht mir gegolten haben, sondern dem Fernseher, der schräg hinter mir hängt. Lachend gebe ich
meine Meinung zu dem Thema preis. Dann lehne ich
mich zurück und lasse dem Frisör seine Arbeit erledigen. Dabei denke ich darüber nach, wie leicht es zu
Missverständnissen kommen kann, wenn man die
Sprache und Kommunikationsmuster des Landes
nicht versteht, in dem man sich befindet.

Tod in der Wüste
WADI RUM 4/7/13

Ben, ein schweigsamer Beduine in grauer Galabija – dem traditionellen Gewand der Araber – ist unser Fahrer. Mit dem alten, klapprigen Geländewagen fährt er uns durch Wadi Rum, das Tal, in dem T. E. Lawrence den arabischen Widerstand organisiert hatte. Neben der Geschichtsträchtigkeit locken vor allem die Naturschönheiten der Felsformationen und Sanddünen. Ben fährt uns von einem sehenswürdigen Punkt zum nächsten. Wir sehen einen alten Nabatäer Tempel, eine Quelle, prähistorische Felsmalereien, sowie unzählige Sanddünen und Felsformationen. Dann bringt uns Ben zu dem Camp, in dem wir die Nacht verbringen werden. Er trägt unsere beiden Taschen in ein großes grünes Zelt, steigt in den Jeep ein und fährt, ohne ein Wort zu sagen, in die Wüste davon. Wir beobachten, wie die Staubwolke, die Ben mit seinem Jeep verursacht, immer kleiner wird und dann am Horizont verschwindet.

Das Camp ist eine Ansammlung von einem Dutzend Zelten am Fuße eines kleinen Felsens. Eines der Zelte ist groß wie ein Haus und das Innere ist mit bunten, schweren Teppichen, Matten und Polstern ausgelegt. Das dürfte das Gemeinschaftszelt sein. Die anderen Zelte sind kleine Unterkünfte zum Schlafen, die nur mit zwei Betten und diversen Decken ausgestattet sind. Alle Zelte bestehen aus einem schweren, grünen Zelttuch, über das sich eine leichte Staubschicht gelegt hat.

Wir betreten das große Gemeinschaftszelt. Doch abgesehen, von einer Unzahl an Fliegen, die in der Hitze herumsurren, ist niemand zu sehen. Wir rufen mehrmals ein lautes: »Hallo!«, in die Runde. Doch kein Lebenszeichen ist zu hören. Hat uns Ben im richtigen Lager abgeladen, denn wir sind bei einigen verlassenen Zeltstätten vorbeigekommen?

Müde von der weiten Anreise und der langen Wüstentour, machen wir es uns im großen Gemeinschaftszelt gemütlich. Ich ziehe meine beigefarbenen Wüstenstiefel aus, klopfe den Sand von meiner Leinenhose und lege mich mit meinem Rucksack als Kopfpolster auf den Teppich und döse ein.

Die Hitze und die Fliegen wecken uns aus dem Schlaf auf. Patric sieht auf die Uhr. Eine Stunde warten wir bereits in diesem heißen, fliegenverseuchten Zelt, ohne dass wir ein Lebenszeichen vom Personal oder von anderen Gästen gesehen haben. Es wird zu heiß im Zelt. Wir nehmen unsere beiden Wasserflaschen und die Packung Chips, die wir noch übrig haben, mit uns, und steigen die Stufen, die in den Felsen aus Sandstein gehauen wurden, hinauf, um dort im Schatten eines Vorsprunges die natürliche Klimaanlage des Windes zu genießen. Von dieser Höhe aus können wir die Schönheit des Wadi Rum genießen; besser gesagt, »könnten« wir genießen. Denn in der heißen Wüstensonne schwindet unser Wasservorrat nur so dahin und wir sind uns immer noch nicht sicher, ob uns Ben wohl in dem richtigen Camp untergebracht hat.

Eine weitere Stunde vergeht. Immer noch kein Lebenszeichen. Gedanklich rationiere ich unsere Wasservorräte und überlege mir einen Notfallplan mit Wüstendurchquerung, denn hier im Nirgendwo funktioniert kein Mobiltelefon. Ich klettere auf den Gipfel des Berges und versuche mit meiner Karte die Richtung des nächsten Beduinendorfes ausfindig zu machen. Wie weit sind wir gefahren? Fünf Kilometer? Zehn Kilometer? Aus welcher Richtung sind wir gekommen? Irgendwie sehen die Felsformationen alle ähnlich aus.

Der Wind weht mir die warme Luft zu, während ich den Horizont in alle Richtungen absuche. Plötzlich bemerke ich eine kleine Staubwolke. Sie kommt näher. Die Staubwolke stellt sich als ein Jeep heraus. Schnell springe und klettere ich von dem Felsen herunter. Wir müssen diesen Jeep stoppen, bevor er an unserem Lager vorbeifährt. Doch das ist nicht notwendig. Der Jeep hält direkt auf unser Camp zu. Er kommt immer näher und bleibt schließlich am Eingang von unserem Camp stehen. Der Jeep sieht anders aus als der von Ben, unserem schweigsamen

Fahrer. Dieser Geländewagen glänzt in poliertem Schwarz. Ich bin mir sicher, dass eine surrende Klimaanlage das Innere des Wagens konstant auf einer angenehmen Temperatur hält.

Inzwischen bin ich bei Patric und dem Felsvorsprung angekommen. Auch er hat den Wagen schon bemerkt. Unsere Stimmung hellt sich auf. Wir müssen doch nicht sterben oder in der Nacht, in der Hoffnung auf Rettung, durch die Wüste irren. Freudig klettern wir gemeinsam den Felsen hinab. Auf halber Höhe sehen wir, wie sich die Fahrertüre des Geländewagens öffnet und ein erhabener arabischer Mann in weißer Gallabiya und rotem Palästinensertuch am Kopf aussteigt. Eine verspiegelte Sonnenbrille ziert sein Gesicht. Der perfekt gestutzte Bart verleiht ihm ein souveränes Aussehen. Inzwischen ist noch eine blonde Dame aus dem Jeep ausgestiegen. Ihre Kleidung zeigt, dass sie Europäerin ist, die sich von einem Verkäufer in einem Outdoor-Shop alles Mögliche aufschwatzen hat lassen. Der Araber marschiert schnurstracks in die Mitte des Camps, formt mit seinen Händen einen Trichter, den er zum Mund führt, und ruft mit lauter Stimme: »Mohamed, Mohamed!«

Plötzlich kommt ein verschlafener Araber aus einem Zelt heraus, geht zu einer Tonne und spritzt sich eine Hand voll schmutziges Wasser ins Gesicht um den letzten Rest des Schlafes wegzuwaschen. Wir trauen unseren Augen nicht. Mohamed war die ganze

Zeit über hier und hat geschlafen? All unsere Rufe und unsere Verzweiflung haben ihn nicht geweckt?

Wir sind in der Zeltmitte angekommen. Der charismatische Araber begrüßt uns feierlich und stellt sich uns als der Besitzer des Camps vor. Gebieterisch weist er Mohamed an, uns unser Zelt zu zeigen und Tee zu machen. Dieser nimmt unsere Taschen, zeigt uns unser Schlafzelt und führt uns zu einem Sitzplatz in der Mitte des Camps, wo wir in Ruhe auf unseren süßen, arabischen Tee warten sollen. Wir sind gerettet.

Der Beduine
PETRA 5/7/13

Die Mengen strömen durch die enge Schlucht in die Nabatäerstadt – Petra – hinein. Wasserverkäufer und Kameltreiber runden das Bild ab, das die Menge an dickbäuchigen, mit Kameras behängten westlichen Touristen bietet. Alle strömen sie zum Schatzhaus. Das weltbekannte Gebäude, dessen Fassade als Kulisse für den Indiana Jones Film herhalten durfte.

Doch wir lassen das Schatzhaus hinter uns und machen uns auf dem Weg zum Kloster, der entlegenste Ort in dieser Wüstenstadt. Das Kloster ist auf einer Anhöhe erbaut, die es mittels 1.000 Stufen zu erklimmen gilt. Und wir erklimmen diese Stufen. Die Anzahl der Touristen nimmt von Stufe zu Stufe ab. Hier oben kann man in Ruhe die Schönheit der Natur genießen.

Das Kloster ähnelt dem Schatzhaus. Auch dieses Grab ist nur ein kleiner Raum, der in den Felsen gemeißelt wurde. Aber die Fassade, die den Eingang ziert, täuscht den Besucher, da sie auf ein riesiges Gebäude schließen lässt.

Nachdem wir ein paar Fotos gemacht haben, zieht etwas anderes unsere Aufmerksamkeit auf sich: ein kleiner Wegweiser, der englisch mit »Aussichtspunkt« beschriftet ist und zum Gipfel weist. Ein schmaler

Trampelpfad führt über umgestürzte Säulen und Steinbrocken auf den höchsten Punkt des Berges hinauf.

Schnaufend kommen wir am Gipfel an und sind überrascht. Hier hat ein Beduine sein Zelt errichtet und billigen Plunder zum Verkauf ausgestellt. Der Beduine begrüßt uns in perfektem Englisch und lädt uns auf einen Tee in sein Zelt ein. Ich ziehe meine Stiefel aus und setzte mich auf den Teppich in den Schatten des Zeltes. Der Beduine gibt mir ein Glas Tee. Eine Katze schnurrt um mich herum, während ich den Tee schlürfe und die Aussicht über die Araba und das Tote Meer genieße. Der Beduine gleicht in seinem Aussehen Jack Sparrow. Er hat einen geflochtenen Bart, und schwarz geschminkte Augenhöhlen. Die meisten Touristen wagen es nicht in sein Zelt einzutreten, obwohl er ihnen nur einen Tee anbietet. Natürlich gebe es lästige Verkäufer, doch ein Tee zum Ausruhen entspricht der Gastfreundschaft der Beduinen, erklärt er mir. Er setzt sich im Schneidersitz hinter seinen Tresen und zieht lächelnd eine Whiskey-Flasche unter der Auslage hervor. Er gießt sich Whiskey in ein Glas ein und erzählt mir, dass das seine Tagesbeschäftigung sei. Jeden Tag trinke er eine Flasche hier oben. Leicht angeheitert beginnt er zu erzählen, dass die Beduinen seit langer Zeit schon durch die alte Nabatäerstadt hier ziehen. Um Petra zu schützen, hat die Regierung den Zutritt zu dieser Sehenswürdigkeit streng limitiert und geregelt. Doch die Beduinen wohnen immer noch inmitten der Gräber und Ausgrabungsstätten. Es sei ihr Gewohnheitsrecht. Auch er ist ein Beduine. Er sei Musiker, erklärt er mir, während er ein Saiteninstrument hervorholt und zu einem melancholischen Lied anstimmt. Er kam weit herum, sogar bis nach Tel-Aviv, um dort zu spielen.

Während wir hier sitzen und reden, schaut ein weiterer Besucher bei der Türe hinein, ein US-Amerikaner. Der Beduine begrüßt ihn. Er sagt, US-Amerikaner sind gute Menschen, aber sie haben eine schlechte Regierung. Anschließend diskutiert er mit dem Amerikaner, warum er der Ansicht sei, dass sowohl die Außenpolitik als auch die Innenpolitik der USA für die Bürger schlecht sei, während die Bürger gutgläubig der Regierung folgen. Ich bin erstaunt, was dieser einfache Beduinen-Musiker über Öl, »Medicare« und andere amerikanische Angelegenheiten weiß.

Als nächstes schauen zwei Libyer bei der Tür hinein. Der Beduine begrüßt sie und erklärt, dass die Libyer sowohl eine schlechte Regierung hätten als auch schlechte Menschen wären. Die Beiden sehen ihn verwundert an. Er erklärt, dass der Aufstand gegen Gaddafi sinnlos gewesen wäre. Natürlich sei er ein extravaganter Diktator gewesen. Allerdings habe er in Libyen eine eigene Form des Sozialismus eingeführt, wo der Gewinn, der durch das Öl erwirtschaftet wurde, an die Bürger weitergegeben wurde, indem er jedem Bürger eine gewisse Summe jedes Monat auf das Konto überweisen ließ – und das bedingungslos. Obwohl es ihnen so gut ging, haben die Libyer rebelliert. Und jetzt geht es ihnen schlechter als zuvor, da die Warlords das Geld, das durch das Öl erwirtschaftet wird, selber behalten und nicht an die Bürger verteilen. Mit offenen Augen, Mund und Ohren sitze ich da. Ich hätte alles andere erwartet, als solch eine Analyse über die politischen Verhältnisse des Nahen Ostens.

Patric hat inzwischen seine Foto- und Videoaufnahmen beendet. Ich stehe auf, bedanke mich für den Tee und verabschiede mich vom Beduinen. Er nickt mir freundlich zu und wendet sich den beiden Libyern zu, mit denen er weiterdiskutiert.

Patric und ich steigen den Berg hinab. Und mir spukt immer noch das Bild von dem politisch gebildeten Beduinen mit seiner Whiskeyflasche und den geschminkten Augen durch den Kopf.

Die blonde Anna

Es klopft an unsere Zimmertüre. Ich öffne. Anna, die extrovertierte deutsche Studentin, die wir ein paar Stunden vorher getroffen haben, steht davor. Sie sieht mich an und fragt, ob ich ihr die Stirnfransen schneiden kann. Eine etwas exotische Frage. Ich antworte, dass ich zwar kein Frisör sei, aber wenn sie will, dann kann ich ihr schon mit dem Letterman von Patric die Stirnfransen abknipsen. Sie sagt, dass das für sie ok sei.

Ich gehe zurück ins Zimmer uns suche den Letterman, da kommt mir eine verrückte Idee. Wir können nen Anna doch einfach zu einem klassischen, arabischen Frisör bringen. Sie ist einverstanden damit.

Wenig später sind Anna, Patric und ich auf der Straße. Die Sonne ist schon lange untergegangen und der Muezzin ruft gerade zum letzten Nachtgebet, während wir den steilen, asphaltierten Weg hinunter in das Dorfzentrum steigen.

Wir sehen einen Frisörsalon und gehen hinein. Der junge Frisör und seine beiden Kunden kommen aus dem Staunen nicht mehr heraus, als drei blonde Europäer seinen Laden betreten. Aber weniger unserer Haarfarbe verwundert sie, als der Umstand, dass eine Frau mit dabei ist. Normalerweise gibt es eigene

Salons, für Damen. Doch der Frisör erklärt sich bereit Anna die Haare zu schneiden. Sie nimmt am Frisierstuhl Platz, während Patric und ich auf der Wartebank sitzen.

Sorgfältig wäscht der Frisör seine Scheren, bevor er sich an die zarten, blonden Damenhaare wagt. Es scheint, als schneide er das erste Mal die Haare einer Frau, so behutsam geht er vor.

Ein junger Araber sitzt ebenfalls auf der Bank und wartet, bis er an die Reihe kommt. Das Gespräch in der Gruppe wird wieder auf Ägypten und Mursi gelenkt. Doch plötzlich fragt Anna den jungen Araber, ob er verheiratet sei. Er verneint das. Sie fragt ihn warum. Da gerät der arme Kerl in Verlegenheit und beginnt etwas davon zu erzählen, dass er noch zu jung sei und noch nicht die passende Frau gefunden habe. Ich muss mir das Lachen verhalten, denn Anna ist ganz einfach in den Angriff übergegangen. Andauernd wird man hier im Orient von den Einheimischen gefragt, ob man verheiratet sei. Wenn man das verneint, kommt die alles zerstörende Frage: Warum nicht? Eine Frage, die man nicht beantworten kann. Doch Anna dreht den Spieß einfach um und geht direkt in die Offensive. Keiner von den Anwesenden wagt es nun, uns nach unseren Familienstand zu fragen.

Der Haarschnitt ist fertig, Anna bezahlt den Frisör und wir begeben uns wieder über die steile Treppe auf die nächtliche Straße hinunter.

Kaum sind wir auf der Straße hat Anna noch eine weitere Idee, sie möchte uns ein spezielles Getränk zeigen, das in der arabischen Welt sehr berühmt sei, dessen Namen sie aber vergessen habe. Daher machen wir uns auf die Suche nach einem Kaffeehaus. Kaffeehäuser sind in der arabischen Kultur Lokale, wo nur Männer hingehen. Doch Anna lässt sich nicht abschrecken.

Ein paar Minuten später finden wir tatsächlich ein Kaffeehaus mit ein paar Tischen im Freien. Wir nehmen Platz und Anna bestellt beim Kellner drei der komischen Getränke, indem sie diese umschreibt. Während wir auf unser Getränk warten, beginnt Anna mit ein paar Männern vom Nachbartisch ein Gespräch, indem sie gleich die radikalsten Fragen einbringt. Sie fragt die Männer, was sie von den USA und von Israel halten. Erstaunt über diesen Tabubruch, warte ich auf die Antwort der Männer. Der Wortführer erklärt, dass in Amerika die Menschen gut seien, die Regierung aber schlecht sei, während in Israel sowohl die Regierung als auch die Menschen schlecht seien. Sie fragt ihn, warum er das sagen könne. Da erklärt er, dass in sein Geschäft zwei Israelis kamen. Einer habe ihn abgelenkt, der andere habe etwas gestohlen, vermutet er. Er hat ihn nämlich nie erwischt. Daher wisse er, dass alle Israelis schlecht sind. Eine einfache Logik. Doch mich überzeugt sie nicht ganz. Trotzdem bin ich beeindruckt, dass Anna hier die Männer so etwas fragt. Aber wahrscheinlich kann sie das tun, da sie als blonde Dame in einem arabischen Kaffeehaus sowieso schon alle Tabus gebrochen hat.

Wir bestellen eine zweite Runde von dem weißen, gesüßten Getränk. Diesmal begleite ich den Kellner in die Küche, um zu sehen, wie er es zubereitet. Die Prozedur ist eher ernüchternd als erhellend. Milchpulver, Kaffeeweißer, Nescafe und viel Zucker werden mit Wasser übergossen. Das Ergebnis ist eine chemische, süße, weiße Brühe.

Ich lasse mein zweites Glas von diesem Getränk stehen, denn ein typisch arabisches Getränk habe ich mir anders vorgestellt. Wir bezahlen und machen uns wieder auf den Weg zurück in unser Hotel.

Grenzkontrolle

Fährt man von Amman ein paar Kilometer nach Westen, stößt man auf den Fluss Jordan. Dieser berühmte Fluss stellt zugleich einen Grenzverlauf mit einer sehr umstrittensten Geschichte dar. 1967 eroberte das israelische Militär große Teile des heutigen Staatsgebietes. Eines dieser eroberten Gebiete ist das Westjordanland. Es wir so genannt, weil dieses Gebiet von 1948 bis 1967 jordanisches Staatsgebiet war und zugleich westlich des Jordans liegt. Dieses Westjordanland, das auch »West Bank« genannt wird, wird zu einem großen Teil von palästinensischen Arabern bewohnt. Offiziell gehört dieses Gebiet nun zum Staat Israel. Doch die Palästinenser, wie sich die arabischen Bewohner in diesem Landstrich nennen, haben eine eigene Regierung organisiert und beanspruchen die Unabhängigkeit. Über Palästina und Israel wurden und werden Unmengen an Papier produziert und geschrieben. Doch für diesen Grenzübergang ist nur ein Thema wirklich relevant: die Mobilität der palästinensischen Araber.

Möchte ein Palästinenser in ein anderes Land reisen, hat er damit ein Problem, denn im Westjordanland gibt es keinen Flughafen. Der nächste Flughafen liegt auf israelischem Gebiet, außerhalb des Westjordanlands. Um dorthin zu kommen, muss man allerdings einige Militär-Checkpoints der Israelis durchqueren. Diese Checkpoints stellen für Reisende mit einem europäischen Reisepass eine langwierige, nervige Prozedur dar, für palästinensischen Araber sind es jedoch unüberwindbare Hindernisse. Die Palästinenser dürfen nur unter sehr großen bürokratischen Hürden in die israelischen Gebiete außerhalb der West Bank reisen. Bürokratische Hürden bedeuten in diesem Fall, dass man praktisch gar nicht dort hinkommen kann, wenn man nicht von offizieller Seite dazu eingeladen wird. Da es praktisch unmöglich ist, einen Flug von Israel aus zu nehmen, gibt es für die palästinensischen Araber nur eine wirkliche Möglichkeit, um zu reisen: Die Flughäfen in Jordanien.

Die Allenby Brücke ist der einzige Grenzübergang zwischen dem Westjordanland und Jordanien. Diesen Grenzübergang müssen alle Palästinenser nehmen, wenn sie reisen möchten. Da das Westjordanland jedoch von Israel besetzt ist, wird dieser Grenzübergang vom israelischen Militär kontrolliert. Und da Israel in einem ständigen Angstzustand von Terrorangriffen aus dem Westjordanland lebt, wird dieser Grenzübergang sehr, sehr genau bewacht und organisiert, besonders wenn man von Jordanien aus in das Westjordanland einreisen möchte. Und genau das haben wir heute vor.

Patric und ich sitzen im Taxi. Wir verlassen Amman in Richtung Westen. Als wir uns der Straße nähern, die zur Grenze führt, bleibt der Taxifahrer stehen. Er darf nicht zur Grenze hinfahren. Nur autorisierte Taxis bedienen die Strecke von der Grenze zur Hauptstraße. Wir steigen aus und warten auf das nächste Taxi, das auch bald kommt und uns zu einem überteuerten Fahrtpreis zur Grenze bringt.

Auf jordanischer Seite gleicht der Grenzübergang einem Busbahnhof. Es gibt unzählige kleine Läden, die Essen verkaufen oder Geld wechseln. Der einzige Unterschied zu einem normalen Busbahnhof ist die verstärkte Militärpräsenz und die angespannte Atmosphäre.

Wir finden das richtige Gebäude. Hier gilt es, wieder eine eigenartige Prozedur von drei Schalterhäuschen zu durchlaufen. Irgendwie scheinen die Bewohner des Nahen Ostens eine Vorliebe für die Zahl Drei bei ihren Grenzübergängen zu haben. Der Grenzbeamte in Schalter Nummer eins reicht uns einen Schmierzettel heraus, auf den wir unsere Namen, Nationalität und Reisepassnummer notieren dürfen. Dann geht es mit dem Zettel und dem Reisepass weiter zu Schalter Nummer Zwei. Dort dürfen wir die Ausreisegebühr von 10 jordanischen Dinar bezahlen. Mit dem Fresszettel, dem Beleg für die Ausreisegebühr und dem Reisepass, geht es weiter zum Schalter Nummer Drei. Der Beamte dort behält den Reisepass und die beiden anderen Zettel und sagt uns, dass wir uns hinsetzen und warten sollten. Wir warten. Und ich frage mich noch immer, warum wir alles extra auf diesen Fresszettel schreiben mussten, wenn sie doch unsere Pässe behalten.

Nach einer halben Stunde ist es soweit. Ein Soldat kommt in den Warteraum und fordert uns auf in einen Reisebus einzusteigen. Unser Gepäck wird uns abgenommen, mit Nummern versehen und separat verladen.

Der Bus ist ein modernes, klimatisiertes Gefährt, wie man es von Busreisen in Europa oder Asien gewohnt ist. Hier dürfen wir uns ein überteuertes Busticket kaufen. Wir fahren los und beim ersten Checkpoint steigen zwei Soldaten ein, geben uns die Reisepässe zurück, drücken einen Stempel auf die Fresszettel mit unseren Namen, die noch im Pass sind und sammeln diese Fresszettel ein.

Dann dürfen wir wieder warten, während ein Spezialteam mit Spiegeln den Reisebus auf Bomben untersucht. Bombenfrei wird uns das Tor geöffnet und wir fahren in das Niemandsland hinaus. Links und rechts der Straße sieht man verfallene Wachtürme und Panzersperren.

Wir nähern uns dem Jordan, ein trauriges Rinnsal mit nicht mehr als zwei Metern Breite und überqueren ihn auf der modernen Allenby Brücke – die auch dem Grenzübergang den Namen gibt. Ein weiteres metallenes Tor wird uns geöffnet und wir fahren vor dem israelischen Checkpoint vor.

Auch hier wimmelt es nur so von Soldaten. Doch diese Soldaten sehen anders aus. 18 jährige Mädchen in Hot-Pants, Tank-Tops und Sonnenbrillen, mit kugelsicheren Westen und einem Maschinengewehr im Anschlag, säumen das Bild. Sie sehen aus, als wären sie unterwegs zu einem Casting für den nächsten »Tomb Raider«-Film. Werden diese Mädchen extra dorthin geschickt um die konservativen Araber daran zu erinnern, dass sie jetzt in einem anderen Land angekommen sind? Am meisten fällt auf, wie angespannt diese jungen Soldatinnen sind. Ich glaube, diese Arbeit kann man nur für ein oder zwei Jahre machen und dabei altert man innerlich um ein oder zwei Jahrzehnte.

Wir warten in unserem Reisebus, bis uns die Soldaten das Zeichen zum Aussteigen geben. Wir checken unser Gepäck ein, wie bei einem Flughafen, und reihen uns in eine lange Schlange vor der Sicherheitskontrolle ein. Hier sieht man alles: ältere, verhüllte arabische Frauen; Männer mit Goldschmuck in Gallabiya; junge Rucksacktouristen; arabische Geschäftsmänner im Anzug und mit Aktentasche.

Wir lassen die Sicherheitskontrolle hinter uns und werden zum Psychologen vorgelassen. Jede Grenzkontrolle in Israel wird von einem Gespräch mit einem Psychologen an einem Schalter verbunden. Diese geschulten Leute sollen besser als jedes technische Überwachungssystem sein, wenn es um das Herausfinden »auffälliger Personen« geht. Sie durchlöchern uns mit Fragen. Doch schließlich, wie ein Gnadenerlass, fährt der Stempel auf die Einreisekarte hinab und wir bekommen unsere Reisepässe zurück, begleitet von einem unfreundlichen: »Willkommen in Israel!«

Galiläa
TIBERIAS 8/7/13

Tiberias ist ein beliebter Urlaubsort für orthodoxe Juden in Israel. Der Ort am Galiläischen Meer ähnelt den Orten rings um den Gardasee. Weitläufige Fußgängerzonen, die von Restaurants mit offenen Terrassen umringt werden, auf denen massenweise Fleischgerichte mit deftigen Beilagen verschlungen werden, prägen das Bild. Der einzige Unterschied ist, dass anstelle von Caprese, der obligatorischen Tomaten-Mozarella Vorspeise in Italien, hier Hummus, ein öliger Kichererbsenbrei, gereicht wird.

Die Sonne hat sich schon lange hinter der galiläischen Hochebene im Westen zurückgezogen. Die Luft ist angenehm warm. Patric und ich schlendern nach einem guten Essen die Strandpromenade entlang, auf der Suche nach einer netten Bar.

Wir werden fündig. Das Ende eines Piers wurde in eine Bar umfunktioniert. Sogar ein bewaffneter Türsteher wurde abkommandiert, um für Sicherheit zu sorgen. Genau dieser Türsteher glaubt uns beiden nicht, dass wir schon volljährig sind und möchte daher unsere Ausweise sehen. Vor fünf Jahren hätte ich mich beleidigt gefühlt. Doch jetzt freue ich mich darüber, dass ich noch so jugendlich aussehe. Der Türsteher kontrolliert unsere Ausweise und lässt uns dann mit einem Winken ein. Warum wir so jung geschätzt werden, wird uns gleich darauf klar. Der typische Israeli hat mit 16 Jahren bereits einen Bartwuchs, vor dem selbst afghanische Freiheitskämpfer voll Neid erblassen würden. Besonders in Tiberias, wo viele religiöse Juden Urlaub machen, ist es ein seltener Anblick, dass ein glattrasierter Mann oder jemand mit einem blonden Dreitagebart zu sehen ist.

Doch schließlich bekommen wir unseren Cocktail doch noch und lassen den Tag nochmals Revue passieren. In Galiläa wurde überall, wo auch nur die kleinste Vermutung besteht, dass Jesus hier gewesen sein könnte, eine Kirche gebaut. In Nazareth gibt es die Empfängnis-Kirche, die Kirche von Josephs Werkstatt, die Kirche der Synagoge, in der Jesus aus der Jesaja-Rolle vorlas, und noch ein Dutzend anderer Kirchen.

Doch übertroffen wir das alles von Kapernaum, dem kleinen Ort am Norden des Galiläischen Meer. Keiner weiß genau, wo dieser Ort war, in dem Jesus die meiste Zeit seines Lehrens verbracht haben soll. Man vermutet, dass es irgendwo am Nordrand des Sees gewesen sein müsste. Hier findet man gleich zwei verschiedene Kirchen an zwei unterschiedlichen Orten, die beide beanspruchen die richtige Lage des alten Kapernaum anzuzeigen; eine katholische Kirche und eine orthodoxe Kirche. Beide sind mit netten Gartenanlagen verziert und beide liegen gut drei Kilometer auseinander. Falls Kapernaum wirklich hier, am Nordrand des Galiläischen Meeres, gewesen sein soll, dann spricht alles dafür, dass die katholische Kirche den besseren Ort gefunden hat, denn sie kann immerhin mit ein paar Ruinen aufwarten, während die orthodoxe Kirche nur Pfauen im Garten herumlaufen hat. Diese sind zwar nett anzusehen, aber helfen nicht unbedingt geographische Ungenauigkeiten zu beseitigen.

Mir fällt ein Ausspruch eines Studienkollegen ein: »Israel ist Disneyland für religiöse Menschen!« Er hat recht. Und für die religiösen Menschen werden auch unzählige Attraktionen angeboten, an denen sie beten, ihre Fotos machen und dafür ihr Geld zurücklassen können.

Die Drusen

Als Mark Twain von Damaskus nach Jerusalem reiste, machte er in einer Festung am Berg Hermon Halt. Er war begeistert davon und sagte, dass dies der beeindruckendste Ort sei, den er jemals gesehen habe. Angelockt von der Begeisterung des großen Schriftstellers und von der Nähe zu Syrien und Libanon, müssen wir einfach selbst dorthin fahren.

Unser Leihwagen kämpft sich die Serpentinen am Berg Hermon hinauf. Die Landschaft ist kahl. Man sieht keine Bäume mehr. Steine und kleine, grüne Flecken Gras prägen das Bild. Wir sind hungrig. Da Ramadan ist, und der Golan früher zu Syrien gehörte, leben hier in den meisten Dörfern Muslime, die ihre Restaurants verschlossen haben und schlafend die Stunden des Tages verstreichen lassen. Wir durchqueren ein Geisterdorf nach dem anderen, so verlassen wirken diese Siedlungen hier.

Kurz vor dem Gipfel ändert sich jedoch das Bild. Wir kommen in ein Dorf, in dem rege Betriebsamkeit herrscht. Es ist ein Dorf, das von Drusen bewohnt wird. Ein Restaurant hat geöffnet und der Besitzer und seine Tochter bewirten uns. Nach dem Essen beantworten sie uns einige Fragen über ihre ungewöhnliche Religion.

Ein persischer Geistlicher hat im 11. Jahrhundert die Lehre des Islam mit dem Neuplatonismus vermischt und so diese Religion gestiftet. Die Drusen haben einige eigenartige Glaubenssätze. So ist es, zum Beispiel, unmöglich, zum Drusentum zu konvertieren. Entweder man wird als Druse geboren oder nicht. Sie glauben, dass es zu jeder Zeit nur 600.000 Drusen gibt. Stirbt ein Druse, wird seine Seele irgendwo anders wieder geboren. Da blöderweise mehr Drusen geboren werden als sterben, wird ein Paralleluniversum herangezogen, um die konstante Zahl zu erklären. In diesem Paralleluniversum sollen mehr Drusen sterben als geboren werden.

Ich bin erstaunt davon, wie eine kleine Gruppe gläubiger Menschen in Bergdörfern solche metaphysischen Konzepte zum Stützen ihrer Religion heranziehen kann. Aber noch mehr beeindruckt mich der Umstand, dass man nicht zu ihrer Religion konvertieren kann; etwas, dass sie besonders stark von den missionierenden monotheistischen Religionen unterscheidet, die die Drusen von allen Seiten umringen und zu bekehren versuchen.

Ich frage den Restaurantbesitzer, was denn passiert, wenn ein Druse jemanden von einer anderen Religion heiratet. Da erklärt er mir ganz energisch, dass das, nicht möglich sei, dass sie nur innerhalb ihrer Religion heiraten würden und dass es so etwas nie gegeben habe und nie geben wird. Dabei schiebt er seine Tochter hinter sich.

Wir verabschieden uns freundlich und setzten unseren Weg hinauf auf den Gipfel des Hermons fort. Dort angekommen, ist der Zugang bereits versperrt. Wie überall in Israel, schließen die meisten Sehenswürdigkeiten bereits um 15:00.

Über die Golanhöhen fahren wir wieder nach Tiberias zurück und wundern uns dabei, wer wohl verrückter ist: die metaphysischen Drusen, die Israelis, die am frühen Nachmittag alles verriegeln, oder die beiden österreichischen Touristen, die über den Golan fahren um alle diese Dinge zu beobachten?

Der Rabbi

Ich betrete die Synagoge am Fuße des Karmels.
Die Höhle verströmt eine angenehme Kühle. Ich halte mich an die rechte Seitenwand und sehe mir die verschiedenen Schriften an, die hier aufbewahrt werden. Plötzlich beginnen in der Stille ein paar Frauen um mich herum laut zu reden und wild zu gestikulieren. Ich gehe still weiter, doch sie werden immer lauter. Überraschend greift mich eine Hand bei der Schulter. Ich drehe mich um und blicke in das geschminkte Gesicht einer wütenden, älteren Dame mit grünem Kopftuch. Mit der anderen Hand deutet sie zu Eingang und auf die Bretterwand, die den Raum in zwei Teile trennt. Die erregten Worte, die aus ihrem Mund kommen, bleiben unverstanden. Aber die Botschaft erreicht mich umso klarer: Hier wird nach Geschlechtern getrennt und ich stehe mitten im Frauenbereich und sollte schleunigst von hier verschwinden.

Schnellen Schrittes begebe ich mich wieder zum Ausgang und lasse das aufgeregte Schnattern und Gestikulieren im Frauenbereich der Synagoge hinter mich. Während ich, noch verwirrt, auf die Straße trete, kommt ein alter Mann, mit grauem Vollbart, Kippa und Locken an den Seiten, auf mich zu. Ehe ich es versehen kann, hält er mich bei meinen Oberarmen

223

fest und stimmt ein Gebet auf Hebräisch an. Respektvoll, wie ich bin, lasse ich diese Prozedur über mich ergehen.

Nach dem Gebet, fordert er mich auf, die oberen beiden Hemdknöpfe zuzumachen. Dann legt er mir beide Hände auf den Kopf und beginnt mich zu segnen: »Im Namen des Gottes von Abraham, Isaak und Jakob. Gesegnet sei …«, dann stupst er mich an und sagt: »Name!« »David«, antworte ich und er fährt fort: »Gesegnet sei David, Sohn von …«, und er stupst mich wieder an: »Mama! Mama Name!« »Agnes«, antworte ich. Und er fährt fort: »Gesegnet sei David, Sohn von Agnes und …«, »Siegmund«, rufe ich dazwischen, da ich mir schon vorstellen kann, was als nächstes kommen wird.

Nachdem er mich gesegnet hat, gibt er mir ein hebräisches Gebetsbüchlein und möchte eine Spende für seine Synagoge. Dabei erklärt er mir, dass die meisten Leute 100 Schekel geben. Ich gebe ihm 20 Schekel. Und wären ich weggehe, ärgere ich mich bereits. Denn kein normaler Rabbi würde so etwas machen. Warum gelingt es diesen komischen Leuten immer wieder, mich als Opfer für ihre Spielchen zu bekommen? Und durch den »Preisfisch« von 100 Schekel kamen mir die 20 vergleichsweise wenig vor. Doch im Nachhinein, war das immer noch viel zu viel und ich hätte das nie freiwillig gegeben.

Jedenfalls habe ich wieder eine Lektion gelernt. Ist man nicht achtsam und aufmerksam, wird man leicht als Beute von jemandem weggeschleppt. Auch wenn ich diese Lektion schon öfters gelernt habe, scheine ich sie so oft wiederholen zu müssen, bis ich sie verinnerlicht habe.

Patric ist ganz verwirrt, warum ich mich von so einem Mann segnen lasse. Vielleicht sei ja das Büchlein verhext, das er mir gegeben hat, meint er. Doch mit diesem Büchlein sollten wir noch unseren Spaß haben, da es sich wie durch Zufall immer wieder in Patrics Reisegepäck schmuggeln wird.

Jerusalem

»Jerusalem ist einzigartig. Von allen Städten, die ich bereist und besucht habe, habe ich mich nur in diese Stadt so verliebt, dass ich einfach hierbleiben musste«, sagt uns Aviel, unser Fremdenführer. Der Mittdreißiger hat einen Fable für Superhelden. Er trägt eine Schildkappe mit einem Batman-Logo, ein Spiderman T-Shirt und einen Gürtel dessen Schnalle das Superman-Logo ist. Aviel macht seinen Master in Archäologie hier in Jerusalem. Nebenbei bessert er sich sein Einkommen auf, indem er als Fremdenführer tätig ist.

Unsere Gruppe steht vor dem Jaffa-Tor. Das hohe Tor in der alten Steinmauer wird so genannt, weil die Straße von hier direkt nach Jaffa führt. Von hier aus starten die Führung und Erklärung der Altstadt.

Jerusalem wurde ungefähr zwanzig Mal erobert und zerstört. Jemand aus dem ersten Jahrhundert u.Z. würde es nicht wiedererkennen. Die jetzige Stadtmauer, vor der wir stehen, wurde im 15. Jahrhundert u.Z. von den Osmanen erbaut. Das erklärt auch, warum mich die Zinnen an der Mauer an den Topkapi Palast in Istanbul erinnern.

Im Schatten des Torhauses versammeln sich alle möglichen Leute: Bettler, Händler, Touristen. Mir fällt eine junge Dame auf, die in einem langen weißen Kleid in einer Ecke sitzt und auf ihrer Harfe ein Lied spielt. Die melancholischen Klänge der Harfe, das weiße Kleid, die dunklen, lockigen Haare, das rege Treiben im Torhaus; das alles könnte auch vor hunderten oder tausenden Jahren gleich gewesen sein. Manches verändert sich, doch vieles bleibt gleich.

Die Altstadt wird in vier Quartiere unterteilt: das jüdische, das christliche, das muslimische und das armenische. Eine interessante Vierteilung. Besonders die Eigenständigkeit des armenischen Viertels, die ebenfalls Christen sind, lässt sich nur schwer nachvollziehen. In der Altstadt leben heute gute 40.000 Menschen; 30.000 davon im muslimischen Viertel.

Wir spazieren auf einer alten Straße, die links und rechts von Geschäften gesäumt wird, durch die Altstadt. Aviel hat recht: Jerusalem ist einzigartig. Die Architektur und die kleinen Gassen unterscheiden sich nicht sehr von jeder orientalischen Medina; das Besondere an Jerusalem sind die Menschen: israelische Soldaten in voller Bewaffnung; verschleierte arabische Frauen; lautstark schreiende Händler; kleine Kinder mit Spielzeugwaffen; Franziskanermönche in Kutte, die einen Rosenkranz in den Händen halten; koptische Christen, mit dunkler Haut in weißen Kleidern; armenische Geistliche mit schwarzen Augen, schwarzen Vollbärten und schwarze Soutanen; deutsche Pensionisten mit Spiegelreflexkameras; weinende Frauen, die von einer Kreuzstation knien; bärtige Männer in zerschlissenen Kleidungen; orthodoxe Juden, mit ihren schwarzen Mänteln und Hüten. Die Stadt lebt von ihrer Vielfalt. Und diese Vielfalt scheint sie sich seit Jahrtausenden bewahrt zu haben. Man muss nur die israelischen Soldaten durch das römische Äquivalent austauschen, ein paar technische Geräte und moderne Kleidungsstücke verschwinden lassen und schon könnte man um die Zeitenwende in dieser Stadt sein.

Die Massen verströmen eine magische Stimmung. Es ist Freitagnachmittag. Die Christen starten ihren »Kreuzweg« entlang der Via Dolorosa vom muslimischen Viertel zur Grabeskirche. Soldaten sperren den Weg ab und leiten die langsame Prozession durch die engen Gassen, die von sandfarbenen Häusern gesäumt werden. Zur selben Zeit drängen die gläubigen Muslime zur al-Aqsa-Moschee am Tempelberg, da das Freitagsgebet ruft. Mitten in diesem Trubel stehen wir. Die Menschenmasse nimmt ein Ausmaß an, das die Straßen verstopfen lässt. Es geht nicht mehr weiter; weder vor noch zurück. Um den Wartenden ein bisschen Abkühlung zu verschaffen wird von höheren Geschossen Wasser auf die Mengen gespritzt. Vielleicht geht es auch weniger um die Abkühlung der Wartenden als um den Spaß, den die jungen Männer davon bekommen, dass sie Wasser auf Menschen spritzen, die ihnen nicht ausweichen können.

Wir kämpfen uns durch die Menge hindurch und verlassen die Altstadt in Richtung Ölberg. Der Berg liegt im Osten vor Jerusalem und lässt eine einmalige Sicht auf die Stadt zu. Hier sieht man den bebauten Tempelberg, die goldene Kuppel des Felsendoms und die alte osmanische Stadtmauer. Hier rasten wir und warten bis sich das Treiben in der Stadt wieder legt, bevor wir uns, über einen Umweg, vorbei an der Klagemauer, zu der letzten Sehenswürdigkeit in der Altstadt durchkämpfen, die noch auf unserem Plan steht: die Grabeskirche.

Dieser düstere, unwirkliche Bau soll der heiligste Ort der Christenheit sein. Angeblich auf Golgatha erbaut, wuchs eine kleine Kapelle im Laufe der Jahrhunderte zu einem unübersichtlichen riesigen, verwinkelten Gebäudekomplex an, der Platz für sechs verschiedene christliche Konfessionen bietet. Der große Platz davor erstrahlt in den unterschiedlichsten Sandfarben; die Steine aus denen das Gemäuer gemauert wurde, die Steine, die den Boden pflastern und auch die Steine, die die umliegenden Gebäude und Mauern bilden, alle haben verschiedene Brauntöne.

Über dem Eingang steht eine alte Holzleiter. Diese Leiter erinnert an den Streit, den die verschiedenen Konfessionen hatten und haben. Ein paar Jahrhunderte nach dem Tod Jesu, war die Christenheit bereits in sich gespalten. Jede christliche Richtung beanspruchte die Kirche und wollte sie zu ihrem Nutzen hin weiter ausbauen. Handgreiflichkeiten zwischen den verschiedenen Geistlichen waren dabei keine Seltenheit. Der Streit zwischen den Konfessionen eskalierte, bis der osmanische Herrscher den Schlüssel für die Kirche an einen Muslim übergab und den Status Quo einfror. Niemand darf mehr etwas an diesem Gemäuer verändern. Dazu gehört auch diese kleine hölzerne Leiter. Keiner ist sich sicher, in welchen Zuständigkeitsbereich diese Leiter fällt. Darum steht sie hier seit über 150 Jahren und niemand wagt es, sie zu entfernen.

Wir treten durch das kleine Tor in das kühle Gemäuer ein und werden sofort in Weihrauchschwaden gehüllt. Wenn Israel Disneyland für religiöse Menschen ist, wie es mein Studienkollege sagte, dann ist diese Kirche die Hauptattraktion. Das Gemäuer ist verwinkelt wie ein Labyrinth. Es geht über Treppen hinab in dunkle Gewölbe, über Leiter hinauf zu Emporen. Enge Gänge öffnen sich immer wieder in größere Räumen, in denen ein Altar steht. Je nach Konfession macht man hier etwas anderes. In einem Raum kriechen die Gläubigen unter einem Altar hindurch. Im nächsten Raum gehen sie hinter einem Altar vorbei. Doch egal ob man über eine Stufe darübersteigt, ein Heiligenbild ansieht, Weihrauch verbrennt oder seinen Kopf auf eine Steinplatte legt, eines haben alle diese Orte gemeinsam: Man steht lan-

ge an, um diese Kulthandlung durchführen zu können.

Verwundert und gleichzeitig fasziniert beobachten
wir eine Zeit lang das Treiben in der Kirche, dann
machen wir uns wieder auf den Rückweg zu unseren
Hotel in das moderne, zivilisierte Jerusalem.

Bei den Siedlern
HEBRON 14/7/13

Unsere Gruppe ist ein bunt zusammengewürfelter Haufen: Jung und Alt, klassisch gekleidet oder flippig ausgestattet, bei uns sieht man alles. Der einzige einigende Faktor ist, dass wir keine normalen Touristen sind. Jeder hat seine eigene Motivation, um an einen Ort wie diese zu kommen.

Eliyahu, unser Gruppenleiter, bindet sich die beiden Locken hinter dem Kopf zusammen und setzt sich eine Schildkappe über seine Kippa auf. Zielsicher stapft der bärtige, etwas dickliche Mann auf den Checkpoint zu. Zwei junge israelische Soldaten, bis an die Zähne bewaffnet, wollen ihn aufhalten. Doch er marschiert einfach zielsicher weiter. Seine freundliche, charismatische Ausstrahlung verwirrt die jungen Soldaten. Sie wagen es nicht, sich ihm ein zweites Mal in den Weg zu stellen.

Eliyahu bringt uns direkt in den Brennpunkt der Stadt, wo er uns an unseren palästinensischen Führer, dem jungen Abd Elrahman, einem Literaturstudenten aus Hebron, übergibt. Er wird uns für diesen Vormittag durch die Stadt führen.

Bevor ich nach Jerusalem kam, habe ich noch nie etwas über Hebron gehört. Die Geschichte dieser Stadt ist jedoch mehr als nur kompliziert, darum verschlug es uns hier hin. Der Tradition zufolge liegen hier die drei Patriarchen, Abraham, Isaak und Jakob, begraben. Für Juden und für Muslime ist dies einer der heiligsten Orte, da der Stammvater von beiden Religionen – Abraham – hier seine letzte Ruhe gefunden hat. Unter dem Osmanischen Reich lebten Muslime und Juden in Hebron Jahrhunderte lang friedlich zusammen. Nach dem Fall des Osmanischen Reiches, unter dem britischen Protektorat, begann der arabische Nationalismus immer weiter zu gedeihen. 1929 begingen arabische Nationalisten ein Massaker an den Juden von Hebron. 1948, als der Staat Israel ausgerufen wurde, wurde Hebron von Jordanien eingenommen. Die Synagoge wurde zerstört, die restlichen gläubigen Juden nach Israel vertrieben und den jüdischen Pilgern der Zugang zu dem für Juden zweitwichtigsten Ort auf Erden versperrt. Das alles änderte sich im Jahre 1967. Israel eroberte in nur sechs Tagen das Westjordanland und damit auch Hebron. Seitdem befindet sich eine jüdische Siedlung dort. 1994 wurden alle Städte im Westjordanland an die palästinensische Verwaltung übergeben, bis auf Hebron. Da die gläubigen Juden fürchten, dass sich das Spiel von 1948 wiederholen und ihnen der Zugang wieder verwehrt wird, wollten die Siedler nicht abziehen. 1997 gab es schließlich eine Finigung. In den USA wurde für Hebron folgende Lösung vorgeschlagen: Hebron wird zweigeteilt, in H1 und H2.

H1, immerhin mehr als 80% der Stadt, fällt komplett unter palästinensische Autorität. H2, nur 20% der Stadt, bleibt Israel unterstellt. Aber genau hier, in diesem H2-Sektor, spielen sich alle Probleme und alles Leid ab. Denn in diesem Sektor liegt sowohl das Grab von Abraham als auch die komplette Altstadt in der noch mehr als 40.000 Palästinenser leben. 700 israelische Siedler, die von 2000 Soldaten des israelischen Militärs geschützt werden, bilden die jüdische Präsenz in diesem Sektor. In die Probleme von diesem brodelnden Kessel versuchen wir heute ein wenig Einsicht zu bekommen.

Abd Elrahman führt uns zuerst in die Ibrahim Moschee. Dieses heilige Gebäude wurde vor über 2.000 Jahren von König Herodes erbaut. Später bauten es die Christen in eine Kirche um. Und anschließend wurde es von den Mamluken in eine Moschee umgestaltet. Heute ist das Gebäude zweigeteilt. Ein Teil ist eine Moschee, der andere Teil eine Synagoge. Da der Raum mit dem Grabmahl Abrahams in der Mitte liegt und von beiden Seiten einzusehen ist, kann man einen kurzen Blick von der Synagoge in die Moschee und umgekehrt werfen. Gehindert wird der Blick nur durch ein kugelsicheres Glas, das von den Israelis in der Mitte des Gedenkraumes angebracht wurde – nur zur Sicherheit.

Jeweils zehn Tage im Jahr wird das gesamte Gebäude nur für Muslime geöffnet und an zehn anderen

Tagen nur für Juden. Beide Seiten fühlen sich benachteiligt und erzählen davon, was die anderen jeweils machen. Nachdem das komplette Gebäude nur für Muslime geöffnet worden war, sollten im Bereich der Synagoge einige der Mesusa, die Kapseln an den Türstöcken, zerstört worden sein. Umgekehrt sollen die Juden einige Ausgaben des Koran, den die Muslime vergessen haben, in den Müll befördert haben. Was stimmt? Wir wissen es nicht. Jedenfalls wird immer der anderen Seite die Schuld am ganzen Übel zugeschrieben. Was wir aber sagen können, ist, dass die Israelis ungehindert in die Synagoge gehen können, während die Palästinenser durch drei verschiedene Checkpoints müssen, bevor sie in die Moschee gelangen.

Als nächstes steht ein Gang durch den Souk der Altstadt auf dem Plan. Durch einen weiteren Checkpoint geht es in den Bereich von H2, der von den Palästinensern bewohnt wird. Der Markt ist eine schmale Gasse, links und rechts erheben sich alte Häuser. Überall haben Händler ihre Waren ausgebreitet; billige Kleidung, Goldschmuck, Gemüse, Plastikspielzeug. Dazwischen bahnen sich verschleierte Frauen, spielende Kinder und bärtige Männer den Weg. So weit unterscheidet sich der Souk nicht von einem Markt, den man in Amman, Ramallah oder Jerusalem finden würde.

Abd Elrahman weist uns an, nach oben zu schauen. Direkt über dem Markt wurde ein Eisengitter angebracht, auf dem staubige Steine liegen. Darüber sieht man Gebäude neueren Baudatums, auf deren Flachdächern israelische Soldaten stehen. Abd Elrahman erklärt uns das Problem. 1997 wurde Hebron schön in zwei Teile geteilt und auch die Verhältnisse in H2 waren geregelt. Die Altstadt war traditionell von Muslimen bewohnt. Doch israelische Siedler haben inzwischen die Altstadt mit neuen Strukturen direkt überbaut. Offiziell dürfen in der Altstadt keine neuen Gebäude errichtet werden. Aber laut Abd Elrahman hält sich von jüdischer Seite niemand daran. Militante Siedler würden immer mehr, immer neuere Anbauten an ihre Gebäude bauen. Abd Elrahman ist überzeugt, dass die Siedler die Altstadt übernehmen möchten und die hier lebenden Palästinenser hinausekeln wollen. Er weist auf die Steine und den Abfall, der auf dem Eisengitter liegt. Das israelische Militär hat dieses Gitter angebracht um die Marktbesucher vor den Dingen zu schützen, die die Siedler herunterwerfen.

Wir gehen aus dem Markt hinaus und besuchen die berühmte Shuhada Straße. Diese Straße war einst die Hauptstraße von Hebron. Inzwischen ist sie ausgestorben. Nach einem Bombenanschlag im Jahr 2000 hat das israelische Militär diese Straße mit einigen Sonderregelungen versehen. Israelis dürfen die

Straße wie jede normale Straße benutzen. Palästinenser jedoch dürfen sich nur zu Fuß auf der Straße fortbewegen und das auch nur bis zur Hälfte der Straße, dann wird ihnen ihr Weg versperrt und sie müssen auf einen Nebenweg ausweichen. Das Sperren dieser Hauptstraße hat dazu geführt, dass viele palästinensische Geschäfte in H2 trotz finanzieller Hilfe Seitens der UN zusperren mussten.

Das Haus von Abd Elrahmans Familie liegt in dieser Straße. Da eine Dame aus unserer Gruppe eine Toilette benötigt, legen wir einen ungeplanten Stopp bei ihm ein. Das sandfarbene Haus hat einen großen, kühlen Innenhof, der wiederum von einem Eisengitter überdacht wird. Seine kleine Schwester lässt den lärmenden Fernseher links liegen und beobachtet uns durch ein kleines Fenster. Seine Mutter lässt die Hausarbeit ruhen und begrüßt uns freundlich. Der Familie scheint es nicht schlecht zu gehen. Abd Elrahman erzählt, dass das einzige Problem die Checkpoints und die Soldaten sind. Da H2 als besetztes Gebiet gilt, wird hier das Militärrecht angewendet. Das gibt den Soldaten die Vollmacht, alles zu tun, was sie als notwendig erachten, um die Sicherheit aufrechtzuerhalten. Er erzählt, dass an manchen Tagen alles reibungslos funktioniert. An anderen Tagen kann es sein, dass er stundenlang von Soldaten aufgehalten und am Weitergehen gehindert wird. Es kann sogar vorkommen, dass man für eine Zeit lang in Gewahrsam genommen wird, das Haus nicht verlassen darf oder einfach zurückgeschickt wird und den Checkpoint nicht passieren kann. All diese unberechenbaren Sanktionen machen ein normales Wirtschaftsleben praktisch unmöglich. Ich frage ihn, warum er H2 nicht einfach verlässt und in H1 wohnt. Es ist dieselbe Antwort, die uns die anderen Palästinenser auch gegeben haben: Hier ist das Haus seiner Familie, schon seit Generationen. Die Besatzung ist zu Unrecht hier. Warum sollten sie, die Unschuldigen, deswegen ausweichen?

Abd Elrahmans Führung ist beendet. Der junge Student bringt uns zurück zum Checkpoint, an der Grenze zu dem Gebiet, das nur Israelis betreten dürfen. Wir tauschen E-Mail-Adressen aus und er verabschiedet sich. Unsere Gruppe ist bereit für die zweite Perspektive auf Hebron.

Eliyahu wartet bereits in seinem Hawaiihemd auf uns. Gemeinsam besuchen wir die israelische Seite der Ibrahim Moschee, sehen uns die Shuhada Straße an und besuchen eine Siedlung in der Altstadt. Hier haben wir die Gelegenheit mit dem Pressesprecher der Siedler zu reden. Dieser ist ein Mann in den Fünfzigern. Sein Haar und sein Vollbart strahlen in blanker, weißer Farbe. An seinem Gürtel ist eine Pistole geschnallt. Wir nehmen in der Synagoge Platz und er stellt sich auf das Podium. Die Siedler in der Altstadt berufen sich darauf, dass in Hebron schon seit dem 15. Jahrhundert jüdische Familien leben. Sie sehen es als ihr Recht an, hier zu leben, genau so wie Abd Elrahman und seine Familie es sieht. Auf die Frage, warum er eine Waffe trägt, antwortet er, dass den Israeliten in alter Zeit Waffen erlaubt wurden, um ihr Land und ihren Glauben zu verteidigen. Dasselbe gelte auch noch für die Juden heute.

Nach dem wenig aufschlussreichen Gespräch, machen wir uns wieder auf dem Weg. Ich frage Eliyahu, warum Orte so wichtig sein können. Beide Religionen glauben daran, dass Gott ein transzendentes Wesen ist, das an keinem Ort zu finden ist, sondern überall gefunden werden kann. Eliyahu erklärt mir, dass die Orte durch ihre Geschichte und durch die Anzahl der Gebete, die dort gesprochen wurden, mit spiritueller Energie geladen werden; eine Antwort die ich mich nicht ganz überzeugt. Haben Orte wirklich eine innewohnende Bedeutung? Existiert diese Bedeutung nicht viel mehr nur in den Köpfen der Menschen? Ich tendiere zu Zweitem.

Bei der Rückfahrt nach Jerusalem denke ich über diesen eigenartigen Ort nach. Beide Seiten, Muslime und Juden, in Hebron haben vieles gemeinsam. Beide sehen den Ort für ihre Religion als wichtig an. Beide Seiten haben Angst um ihre Sicherheit, da von beiden Seiten ausgehend Menschen getötet wurden und getötet werden. Beide Seiten sehen immer nur sich als das arme Opfer, während die Andere das unsagbare

Böse verkörpern. Solange die Angst und das Misstrauen vorherrschen, wird dieser Ort nicht zur Ruhe kommen. Dazu muss sich zuerst das Denken der Menschen ändern. Doch das wird wohl nicht so schnell der Fall sein.

Der Brasilianer

Patric spielt die Eröffnung. Klack. Die Kugeln rollen über den grünen Stoff, der bereits einige Narben hat. Der Aufenthaltsraum in dieser Herberge ist sehr gemütlich, ein riesiger Raum, der als Ballsaal dienen könnte, würde man die Tische und Stühle entfernen. Alles ist mit bunten Farben bemalt und Sprüche zieren die Wände. Sitzsäcke, Hängematten und weiche Sofas laden zum Verweilen ein. Patric versenkt eine volle Kugel. Irgendwie ist der Raum heute eigenartig leer. Wir sind es gewohnt, dass hier, am Puls der Herberge, unermüdliche Reisende ihre Erfahrungen austauschen oder bei einem Bier zusammensitzen und Brettspiele spielen. Patric versenkt noch zwei Kugeln, dann bin ich an der Reihe. Ich suche nach der Kreide für den Queue, doch so etwas sucht man hier vergeblich.

Während ich den Tisch umrunde und nach einem guten Stoß Ausschau halte, fällt mir eine eigenartige Gestalt in der hintersten Ecke des Raumes auf. Ein braungebrannter, junger Mann mit Dreitagebart und militärisch kurzen Haaren. Das grün-braune ärmellose Muskelhemd und die durch jahrelangen Fitnesscenter-Besuch antrainierten Muskeln verleihen ihm ein bedrohliches Aussehen. Doch weniger sein Äuße-

241

res gewinnt meine Aufmerksamkeit, als die Art und Weise wie er seinen Teller mit Pasta verspeist. Alleine sitzt er an einem langen Tisch. Mit der flachen, linken Hand stützt er sich an der Tischplatte ab, während die rechte Hand unermüdlich Nudeln vom Teller in seinen Mund schaufelt.

Ich sehe meinen Stoß, setzte an und verfehle. Die Reihe ist wieder an Patric.

Plötzlich steht der dubiose Typ auf. Schlurfend kommt er quer durch den Raum zu uns an den Billardtisch. Patric versenkt die weiße Kugel. Da nimmt ihm der muskelbepackte Kerl den Queue aus der Hand und sagt in akzentbehafteten Englisch: »Du hast verloren. Ich bin jetzt dran!«

So kommt es, dass ich gegen ihn spielen darf. Ich mache die Karambolage, versenke ein paar Kugeln und wir beginnen zu reden. Der Muskelmann kommt aus Brasilien. Seit einigen Jahren wohnt und lebt er bei seinem reichen Onkel auf Bali, wo er surft und den Touristinnen nachstellt. Eine ähnliche Motivation trieb ihn nach Israel. Er komme nur wegen der Israelitinnen her, erklärt er mir. Daher verbringe er seine beiden Wochen nur in Tel Aviv und in Jerusalem. Ein einfaches Leben, ohne tieferen Sinn dahinter.

Nachdem er seinen Zug beendet hat, bin ich wieder an der Reihe. Während ich überlege, fragt er mich ganz überraschend, ob ich schon einmal im Ausland eingesperrt wurde. Verwundert sehe ich ihn an. Dann antworte ich, nein, ich wurde noch nie ein-gesperrt, auch nicht im Ausland. Warum er mich das denn frage? Darauf antwortet er, er wurde schon ein-mal eingesperrt, in Thailand, nach einer Schlägerei in einer Kneipe – es fehlte gerade noch, dass er sagt, es war wegen eines Billardspiels, das er verloren hatte. Aber er kam jetzt auf das Thema, da sein Freund heu-te in Jerusalem eingesperrt wurde. Ich frage, wie das zugegangen sei. Er erzählt die Geschichte: Die letz-ten paar Tage waren er und sein mitreisender Freund in Tel Aviv. Am gestrigen Abend haben sie ein biss-chen getrunken, ein bisschen zu viel vielleicht. Jeden-falls waren sie relativ lustig und relativ laut, als sie in ihr Hotelzimmer zurückkehrten. Sie waren sogar so laut, dass nach den Nachbarn auch der Hotelbesitzer kam und an die Türe klopfte, mit der Aufforderung, sie sollen doch etwas leiser sein. Irgendwie hat das seinen Freund so verärgert, dass er einfach dem Ho-telbesitzer die geballte Faust in das Gesicht geschla-gen habe. Am Morgen haben sie dann erfahren, dass der Hotelbesitzer im Krankenhaus liegt. Sie hielten es für das Klügste einfach mit Sack und Pack aus Tel Aviv zu verschwinden und nach Jerusalem »auszuwei-chen«.

Allerdings haben die beiden lustigen Gesellen nicht daran gedacht, dass sie beim Einchecken im Hotel ihre Personalien hinterlassen haben. Als sie hier in Jerusalem einchecken wollten, stand ein paar Minuten später die Polizei im Haus und hat den Hotel-besitzer-schlagenden Rucksackreisenden einfach mit-genommen. Der Hotelbesitzer hatte nämlich Anzeige erstattet und im ganzen Land wurden die Hotels und Herbergen benachrichtigt, dass sie die beiden Ver-dächtigen sofort melden sollten.

Irgendwie fällt mir nicht viel ein, was ich auf diese Geschichte antworten kann. Sicherheitshalber lasse ich ihn das Spiel gewinnen, denn morgen ist unser letzter Tag in Israel und den möchte ich weder im Ge-fängnis noch im Krankenhaus verbringen.

Die Ausreise

Der Ben Gurion Flughafen gilt als der sicherste Flughafen der Welt. Hier werden nicht nur höchst komplizierte, technische Maschinen eingesetzt um die Bösen herauszufiltern, nein, hier wird das effektivste Mittel um Bösewichte zu finden verwendet, das es gibt: Psychologen.

Wir betreten die gigantische Schalterhalle aus Glas, Beton und Stahl. Sofort fällt uns eine riesige Menschenmasse auf, die samt Gepäck wartet und nur schleppend vorwärts kommt. Hunderte von Menschen werden nämlich von zwei Psychologen persönlich befragt. Wir reihen uns in die wartende Menge ein; Patric mit seinem Koffer und seinem Rucksack, ich mit meinem winzigen, minimalistischen Rucksack am Rücken. Das Experiment, mit nur drei Sätzen Kleidung und einem Buch zu reisen, hat problemlos funktioniert. Oft hat mich Patric verflucht, weil ich mein Gepäck problemlos mit mir herumtragen konnte, während er seine Koffer herumjonglieren musste. Doch diesmal sollte es sein Vorteil sein.

Wir kommen an die Reihe. Der Psychologe nimmt unsere Reisepässe. Und die Befragung beginnt:

»How long were you in Israel.«

»Two weeks.«

»Why do you have only such a small luggage?«

»Why not? It's enough.«

»But the others have more.«

»Yeah. I know. But I don't.«

»Ah Sie kommen aus Österreich, dann sprechen Sie auch Deutsch.«

»Wow. You speak German. Yeah, that's my mother language.«

»Warum antworten Sie mir dann auf Englisch.«

»Why not? We were speaking English before.«

»So, bitte reden wir jetzt auf Deutsch.«

»Gerne. Woher können sie Deutsch?«

»Ich habe es gelernt. Bitte nicht fragen.«

Er geht die Stempel in meinem Reisepass durch.

»Sie waren in Ägypten, Tunesien, Jordanien und Indonesien.«

»Ja.«

»Was haben sie da gemacht.«

»Urlaub.«

»Ein Monat in Indonesien, und nur Urlaub.«

»Ja. Ein Monat Bali.«

»Kennen sie dort jemanden?«

»Ja. Nach dem Monat Urlaub schon.«

Er sieht wieder in den Reisepass.

»Welche Sprachen sprechen Sie noch.«

»Englisch, Türkisch, Latein, Altgriechisch, ein bisschen Arabisch, ein bisschen Hebräisch.«

»Warum können Sie Arabisch lesen.«

»Warum nicht? Ich habe es gelernt. Da ich Linguistik studiert habe.«

Er sieht meine Einreisekarte an, die am Grenzübergang an der Allenby-Brücke gestempelt wurde.

»Sie waren in Palästina. Was haben sie dort gemacht.«

»Urlaub.«

»Hat ihnen dort jemand etwas gegeben.«

»Nein.«

»Ich habe nur Angst, dass ihnen jemand etwas gegeben hat, das gefährlich ist.«

»Nein. Mir hat niemand etwas gegeben.«

Er studiert das Foto in meinem Pass, das vor guten
acht Jahren gemacht wurde.

»Es tut mir leid. Aber Sie sehen ganz anders aus
als auf dem Foto.«

»Ja. Das Foto ist auch alt.«

»Haben Sie einen anderen Ausweis mit?«

»Nein.«

»Wären Sie mit einer Unterschriftsprobe einverstanden.«

»Ja, klar.«

Er gibt mir ein Blatt Papier. Ich unterschreibe und
gebe ihm das Papier zurück. Er studiert meine Unterschrift und sieht mich dann an.

»Ihre Unterschrift im Reisepass ist anders.«

»Ja, das kann schon sein. Mit 16 habe ich nicht nur anders ausgesehen, sondern auch anders unterschrieben.«

Verwirrt sieht er mich an. Dann zieht er einen kleinen Aufkleber mit einem Stern darauf heraus und klebt ihn auf meinen Reisepass.

Wir gehen weiter zur nächsten Kontrolle. Ein normaler Metalldetektor. Ich lege das Gepäck auf das Förderband und gehe durch den Detektor. Der Kontrollbeamte kontrolliert meinen Reisepass, sieht den Stern darauf und sagt: »Hier entlang, Sir!« Patric erfährt dasselbe Schicksal. Die anderen Passagiere dürfen normal weitergehen.

Wir werden zu einer speziellen Gepäckdurchsuchung hingeleitet. Mit chemischen Detektoren durchsucht eine energische junge Dame meinen Rucksack. Ich frage, was das für ein Zeug sei. Sie sagt nur, das ist ein Zaubermittel, mehr bräuchte ich nicht zu wissen. Mehrfach durchsucht sie alles. Dann findet sie mein Erste-Hilfe-Paket. In dem Moment fällt mir ein, dass ich ein Klappmesser darin habe. Sie öffnete es. Sieht das Messer, nimmt es heraus, durchsucht alles Weitere und gibt das Messer wieder hinein. Nach langen Minuten des Durchsuchens, darf ich meinen Rucksack wieder packen. Er wird versiegelt.

Eine eigene Sicherheitsdame wird abkommandiert, um uns zu beobachten. Sie eskortiert uns zu dem

Check-In Schalter und lässt dabei meinen Rucksack nicht aus ihren Augen.

Genervt frage ich sie, ob diese Sicherheitsvorkehrungen nicht ein bisschen paranoid seien. Sie erklärt mir professionell, dass das alles nur zur Sicherheit der Passagiere geschehe. So werde sichergestellt, dass niemand in die Menge schieße oder eine Bombe zünde und eine Gruppe unschuldiger Menschen töte. Ich sage, das ergebe nicht wirklich Sinn. Denn vor den Psychologen bilde sich eine riesige Menschentraube. Wenn ich ein Attentäter wäre, würde ich einfach hier die Bombe platzieren oder in die Menge schießen, dabei würde man mehr Schaden anrichten und Tote verursachen, als man es im Flughafen machen könnte. Entgeistert sieht sie mich an. Ich weiß nicht, ob es sie mehr verschreckt, dass ich so etwas laut sagen kann oder dass sie nie daran gedacht hat, dass das möglich wäre. Mit einem kalten Lächeln und einem halbfreundlichen »Hier entlang, Sir!«, schickt sie uns zur Passkontrolle. Nach einigen weiteren Untersuchungen haben wir es schlussendlich geschafft, innerhalb von drei Stunden vom Eingang des Flughafens zu unserem Gate zu kommen.

Epilog
MÜNCHEN FLUGHAFEN 15/7/13

Zwei Jahre und zwei Wochen nach meiner Reise in die Türkei stehe ich wieder hier im kalten Terminal am Flughafen in München. Zwei Mal habe ich in dieser Zeit versucht mit dem Balkanexpress nach Istanbul zu fahren, um von dort weiter nach Jerusalem zu kommen. Drei Mal war ich inzwischen in Istanbul. Schlussendlich musste ich dann doch mit dem Flugzeug nach Israel reisen, aber es hat geklappt.

Ich danke Sarah, dass sie Martin geheiratet hat. Denn ohne diese Hochzeit wäre ich nie auf den Geschmack des Reisens und vor allem nie auf den Geschmack des Reisens alleine gekommen. Ich blicke nach links und sehe die Bank, auf der ich vor zwei Jahren alleine vor dem Gate saß und nervös meine Reiseroute für den ersten Tag in der Türkei durchging. Ich muss lachen. Heute scheint dies so einfach, so banal zu sein, dass ich keine Sekunde darüber nachdenken würde. Man wird abgebrühter, man wird kälter. Ich muss an das Pärchen aus Venezuela denken, das ich in Mexiko traf. Für sie war alles neu und aufregend, genauso wie für mich, als ich vor zwei Jahren auf dieser Bank saß alles neu und aufregend war.

Jede Reise hat den Ausgangspunkt als Ziel. Irgendwann kommt man unweigerlich zurück. Doch wenn man zurückkommt, ist man nicht mehr Dersel-be, der auszog. Man hat sich verändert. Die Perspek-tive auf die Welt hat sich verändert. Diese veränderte Perspektive nennt man auch Erfahrung. Und wie das Wort schon sagt, kann man »Erfahrung« nur bekom-men, indem man es er-fährt oder er-reist. Man muss hinaus. Man muss fahren. Man muss mit der Absurdi-tät der Welt konfrontiert werden. Erst dann kann man mit nüchternem Blick auf sich selbst und auf die ei-gene, gewohnte Kultur blicken, mit den eigenen Ma-cken und Absurditäten.

Ich nehme meinen Rucksack vom Gepäckband und spaziere hinaus. Mein Vater holt mich mit dem Auto ab, es geht nach Hause. Doch nur für eine kurze Zeit, denn es gibt noch viel mehr zu lernen und viel mehr Absurdes zu er-fahren.